すぐに役立つ

入門図解
最新

株式会社・合同会社・一般社団法人設立の手続きと書式

司法書士
安部 高樹

公認会計士・税理士
武田 守 ［監修］

三修社

本書に関するお問い合わせについて

本書の記述の正誤に関するお問い合わせにつきましては、お手数ですが、小社あてに郵便・ファックス・メールでお願いします。大変恐縮ですが、お電話でのお問い合わせはお受けしておりません。内容によっては、お問い合わせをお受けしてから回答をご送付するまでに１週間から２週間程度を要する場合があります。

なお、本書でとりあげていない事項についてのご質問、個別の案件についてのご相談、監修者紹介の可否については回答をさせていただくことができません。あらかじめご了承ください。

はじめに

独立して新しく事業をはじめようと考えた場合、思い浮かぶのが株式会社など法人の設立ではないでしょうか。法人を設立せずに個人で事業を展開するという方法もありますが、税金対策や対外責任の点で不利になることもあります。また、法人、特に株式会社を設立することで、社会的信用性が増し、融資の受けやすさなどの点でメリットがあります。

会社を設立する際に必要となるのが登記です。登記とは、不動産に関する権利関係や会社の重要事項について、登記所（法務局）に備えている登記簿に記載することです。法人の設立手続きは、一見目立たない作業ですが、とても大切です。たとえば、設立の際に組織の根本規則である定款を作成しますが、定款の記載が甘いと、将来組織を乗っ取られてしまう場合もあります。なお、上記のように、株式会社には信用性の点や融資の場面などでの有利さがあるといえますが、その反面ある程度大規模な組織が活動していくことを想定しているため、様々な規則や制限があります。柔軟に活動したい場合は、合同会社を選択する方がよいこともあるでしょう。さらに、一般社団法人を設立する選択肢もあります。一般社団法人は、事業に公益目的がなくても、法人格を取得することが可能です。

本書は、令和４年（2022年）の設立件数が９万件を超えている株式会社をはじめ、法人の中でも設立件数が多い、合同会社、一般社団法人について、手続きに必要な知識や申請書式を１冊に集約している点が大きな特徴です。この他、設立後に生じ得る商号変更や本店移転、役員の変更などの変更手続き、税金や社会保険の届出、消費税（インボイス制度）、会計帳簿、毎年提出する書類など、必要になる手続きについてもフォローしました。

設立手続きは、決して難しいものではありません。本書をご活用いただくことで、お役に立つことができれば、幸いです。

監修者　司法書士　安部　高樹

公認会計士・税理士　武田　守

Contents

第１章

どんな会社を作るか

1 なぜ法人を作ろうと考えるのか

先入観にとらわれず自分の状況に合った選択をする

事業を始めるには

私たちが何か事業を始めようと思い立った場合、個人事業者として始めるか、組織で活動するかは迷うところです。

個人事業には、法人設立と比べて開業の手続きの事務負担や開業コストが少なくてすむ、といったメリットもあります。すぐに起業したい場合には、個人事業主として始めるのが一番早いでしょう。

しかし、１人で個人事業を行うとなると、資金的にも限界がありますし、行動範囲にも限界があります。また、一般的には個人事業者よりも法人の方が、信用が高くなります。信用が高くなれば銀行からの融資も得られやすくなりますし、取引先も増えることになります。実際、個人事業者とは取引を行わない会社もあります。

起業当初は経営を１人で行う場合であっても、業績が伸びてくれば、従業員を雇うことになります。その場合、一般には、会社などの法人方が個人事業者よりも安定していると思われているので、応募者が増えることにもなります。

どんな選択をするのがよいのか

法人とは、法律上の権利義務の主体となることができる資格のことです。簡単に言うと、取引の当事者となることができる資格ということです。

法人を設立すると言っても、様々な形態があります。代表格は会社です。会社とは、営利を目的とする団体で、法律によって独立した権利義務の主体として認められる法人です。会社に関する規定は、会社法で定められています。会社を作る理由は、構成員である出資者から集めたお金を使って利益を獲得し、これを出資者に還元分配する点にあります。特に、株式会社は営利追求という目的を実現するためのシステムであるということができます。

会社には、株式会社、合同会社、合資会社、合名会社の４種類があります。開業当初から十分な売上を見込める得意先を確保しており、事業拡大に自信がある場合やその得意先が個人事業者と取引しない方針であれば当初から株式会社での開業を検討すべきです。

また、設立手続きの手間を少なくしたい場合には定款の認証を受ける必要もなく、組織の構成も単純で制約も少ない合同会社の方がよいかもしれません。他にも、NPO法人、一般社団法人、有限責任事業組合（LLP）といった組織で開業する方法もあります。営利の追求よりも社会貢献活動や社会問題の解決といった点が活動内容の根幹である場合、NPO法人や一般社団法人の設立を検討することになるでしょう。

■ どのような形態で起業するか

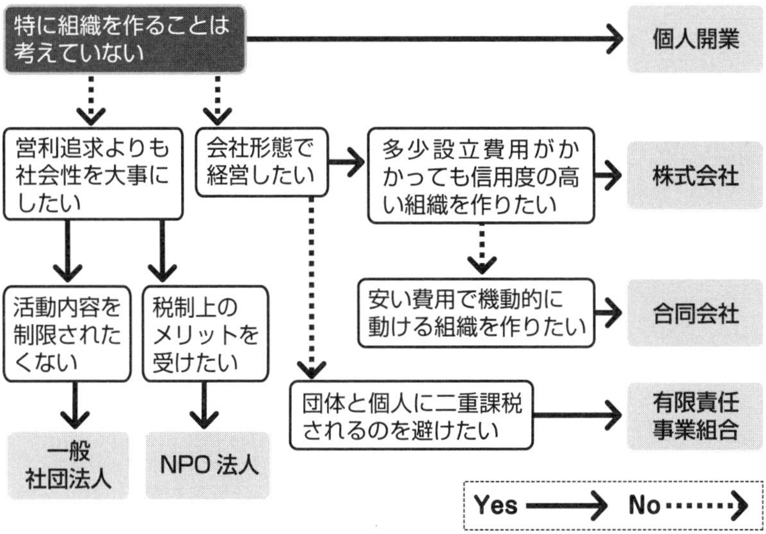

2 いきなり法人にするメリットとは

所得にして数百万円以上が一般的な法人化のボーダーライン

設立手続きは煩雑だが税金面では有利な面もある

個人事業主と法人のどちらで開業するかは悩みどころです。法人の設立自体に、それほど多額の費用が必要になるわけではありません。また取引先や金融機関への信用力は、個人事業主であるよりも法人である方が、一般的には高く見られます。しかし設立についての手続きは法人の方が煩雑です。

では税金対策といった観点からはどうでしょうか。事業によって得た利益に対して課される税金を、法人であれば法人税、個人事業主であれば所得税といいます。この法人税と所得税はそれぞれ計算のルールが異なりますが、決定的に違うのは税率です。法人税の税率はいくら利益が出ても一定です。それに対して所得税の税率は累進課税といって、利益を得ればそれだけ高い税率が課されます。法人税率は、法人の種類や資本金等の規模により15％から23.2％（それ以外に法人税額×10.3％の地方法人税も課される）、所得税率は、所得に応じて５％から45％（一定の控除額あり）となっています。また、個人事業主も法人も住民税や事業税などの他の税金も考慮する必要はありますが、一般的に事業からの所得がある水準を超える場合、法人の方が税金対策上有利になります。この「ある水準」とは、所得にして数百万円以上というのが一般的なボーダーラインと言われています。

法人は自分に払う給与も経費にできる

個人事業主は売上からそれに対応した仕入や経費を差し引いた残りが個人の所得となり、税金を支払います。税金を支払った残りが個人事業主の生活費となります。つまり個人の生活費を差し引く前の所得に基づいて税金が課されます。

一方、法人税では、売上から仕入や経費を差し引いて利益を計算するのは所得税と同様ですが、法人の経営者自身の給与も経費として認められます。この点でも法人の方が税金対策上は有利だといえます。

消費税は開業後の免税期間が重要

196ページ以降で解説しますが、消費税については個人事業主と法人のどちらで開業しても、原則として２年間は免税されます。仮に個人事業主で開業し、もし２年後に法人化すると、法人化してからの２年はやはり原則として免税されます。こうした観点から、個人事業主として開業し、その後法人化するのが税金対策上は有利だといえます。

ただし２年間の免税については例外があり、開業もしくは法人化した年の開始以後６か月間（個人事業主の場合は、開業した日からその年の６月30日までの期間）の課税売上高が1,000万円を超えてしまうと、２年目は課税事業者となるため、注意が必要です。

法人化を段階的に検討するのがベター

開業する際には、事業でいったいどれだけの所得が得られるかを明確に計算することはできません。経済状況や環境の変化、トレンドなど、様々な要因によっても大きく左右されます。そこでまずは個人事業主として開業し、事業が軌道に乗って所得が数百万円規模になる、もしくはそれを超えそうであれば具体的なシミュレーションを行い法人化を検討する、という進め方がベターでしょう。そうすれば法人税におけるメリットも享受しつつ、消費税における免税期間も税金対策上、有効に活用できるからです。

3 株式会社や持分会社の特徴を知っておこう

持分会社では社員自身が経営に関与することが想定されている

会社にはどんなものがあるのか

会社には、株式会社、合名会社、合資会社、合同会社の４つの種類があります。

株式会社に対して、合名会社、合資会社、合同会社のことを持分会社といいます。株式会社は会社に出資した際、株式（株式数○○株など）を出資の単位としますが、持分会社は、出資した分を持分という単位で表すからです。持分会社にあたる合名会社、合資会社、合同会社は、株式会社と違って社員（合同会社に出資した者で社員総会での議決権などの権利をもっている者のこと）間の信頼関係が厚く、社員自身に経営の能力と意欲があることを予定しています。各社員は自らが会社の業務執行にあたり、会社を代表します。

以下、４種類の会社の概要について見ていきましょう。

・株式会社

各自がもつ株式の引受額を限度とする間接有限責任を負うにすぎない社員（＝株主）だけからなる会社です。株主は株式の払込みという形で会社に対して出資義務を負うだけで、それ以外は会社債権者に対して何ら責任を負いません（有限責任）。また、株主は会社へ払込みの責任を負い、その財産を会社債権者へあてるということから「間接」責任といわれるのです。

・合名会社

無限責任社員だけからなる会社です。各社員は出資義務を負う他、会社債権者に対して直接に無限の連帯責任を負うことになります。つまり、社員が直接に会社債権者に対して会社の債務を弁済（返済）する責任を負い（直接責任）、会社が負っている債務の範囲内で、社員がその個人財産で限度なしに責任を負うことになるのです（無限責任）。

経営者の責任が重いため、あまり設立されていません。

・合資会社

経営者が２人以上いる場合で、会社が負った借金を負う者（無限責任）と会社が負った借金を会社に出資した範囲で責任を負う者（有限責任）が混在している会社です。合資会社の設立数もそれほど多くはありません。

・合同会社

株式会社と同様に会社が負った借金を経営者は負いません（有限責任）。設立費用も会社に比べると安くすみます。合同会社は、対外的には株式会社と同様の取扱いがなされますが、対内的には、民法上の組合に類似する会社です。アメリカのLLC（Limited Liability Company）の日本版ともいえる事業形態です。株主総会を開くことがないので、経営者だけで迅速に経営方針を決めることができます。

ただ、株式会社に比べ、知名度が低いという欠点があり、融資や他の会社との取引に支障が生じることがあります。

■ 会社の種類

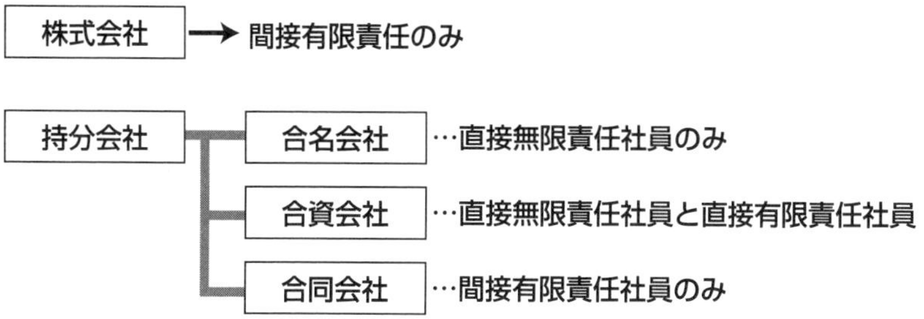

4 株式会社とはどんな会社なのか

ほとんどの会社は非公開会社である

株主総会と取締役という機関が基本となる会社

株式会社とは、簡単にいえば、会社が負った借金を経営者が負うのではなく、会社が負う会社です。つまり、会社の債権者は、会社の借金を会社に請求できるだけであり、経営者に請求することはできません。ただ、経営者が１人しかいない小さな会社の場合、融資や取引にあたって経営者が会社の借金を保証するのが一般的です。そのため、株式会社でも会社の借金は経営者が負うことになります。

また、株式会社は、株主総会と取締役という機関が基本となる会社です。株主総会とは会社の基本的な経営方針を決める機関で、会社に出資した者（株主）が集まって経営方針を決めます。株主総会は、毎年必ず行わなければなりません（定時株主総会）。通常、決算日から３か月以内に行われます。株主総会を開催する場所は、会社の事務所でもかまいません。定時株主総会では決算書（貸借対照表など）の承認が中心ですが、役員の変更などもできます。なお、役員とは、取締役、監査役（取締役の監査や貸借対照表などの計算書類を監査する者）、会計参与（取締役と共同で計算書類を作成する者）のことです。他に役員ではありませんが、会計監査人という計算書類を監査する者もいます。会計監査人は、おもに、大規模な会社で選任されます。

取締役とは株主総会で決まった経営方針を実行する機関のことです。取締役が複数いる場合には、通常、代表取締役を選びます。代表取締役は、取締役が決めた経営方針を実行します。もっとも、１人で会社を設立する場合、株主総会も取締役（経営者）も１人であるため、自分で経営方針を決めて、実行することになります。

公開会社・非公開会社とはどんなものか

株式会社は、株式を自由に譲渡することができます。株式とは、会社の経営権のことであり、会社に出資した分だけ経営権を持つことができます。ただ、株式を自由に譲渡されると、会社の経営権を奪われ、会社の経営が自由にできなくなることがあります。また、場合によっては株式を取得した者に会社を乗っ取られることもあります。そのため、定款（会社の根本規則）で株式の譲渡を制限することができます。具体的には、「株式の譲渡をする場合には、株主総会の承認を要する」旨の定めをします。譲渡制限をしている会社を非公開会社、譲渡制限をしていない会社を公開会社といいます。多くの会社は、非公開会社です。実際、公開会社は証券取引所に上場している会社がほとんどであり、わずかしかありません。

■ 非公開会社のメリット

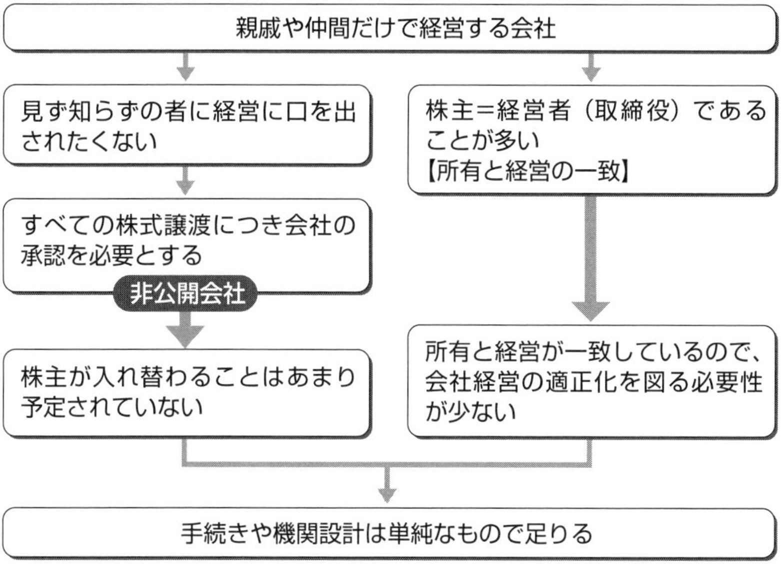

株主兼取締役１名で株式会社は作れる

株式会社は会社の規模・実体に応じて柔軟な機関設計ができます。機関とは、会社の運営をする者のことです。会社には最低限、株主総会を開催できる株主１人と取締役１人がいればそれですみます。つまり、株主兼取締役の１人で株式会社を作ることができます。ただ、このような会社は非公開会社です。

公開会社となると、取締役が３人必要になる取締役会や監査役を設置しなければなりません。また、取締役の任期も伸長できないため、登記などの手続も頻繁に行わなければなりません。通常、公開会社は、かなりの規模と資本を備えた会社です。多くの人は、最初から巨額の資金を集め、大規模な事業を営む会社を設立しようと考えることはないでしょう。そのため、多くの場合、非公開会社を設立することになります。

どんな機関を設置するのか

非公開会社では、最低限、株主総会と取締役を１人設置すればよいのですが、取締役の人数を増やしたり、他の機関（監査役など）を設置することもできます。

非公開会社の機関の設置については以下のような特徴があります。

①　取締役会の設置

１～２人で設立する場合には取締役会を設置することはできません。一方、取締役となる者の人数が３人以上の場合、取締役会を設置することができます。取締役会とは、３人以上の取締役が話し合い、経営方針を決める合議体のことです。あくまで「３人以上の取締役」であり、取締役以外の従業員が数名いても取締役となる者が３人以上でなければ取締役会を設置することはできません。取締役が３人以上の公開会社の場合には取締役会の設置が義務付けられるのですが、非公開会社の場合には、取締役が３人以上であっても取締役会の設置が義務付けられておらず、取締役会を設置するかどうかを自由に選択することができます。

取締役会を設置しない場合には、取締役は最低１人選任するだけでよく、また取締役会がないため、株主総会が会社に関する一切の事項を決議できる万能の機関となります。

②　代表取締役の設置

１人で株式会社を設立し、自分が取締役となる場合には、その者が会社の代表者となります。２人以上の取締役で設立する場合には各取締役が会社の代表者となりますが、株主総会の決議または定款規定に基づく取締役の決議によって代表取締役を選定することができます。

ただし、３人以上取締役がいる会社で取締役会を設置する場合には、代表取締役となる者を定めなければなりません。

取引関係では代表取締役の署名が求められるので、取締役２人の体制であっても、実務上は代表取締役を設置するのが通常です。

なお、小規模の体制ではあまり問題にならないかもしれませんが、代表取締役の人数は１人に限定されていないため、たとえば「取締役が４人で代表取締役を２人」といった会社を設立することも可能です。

■ 会社の機関

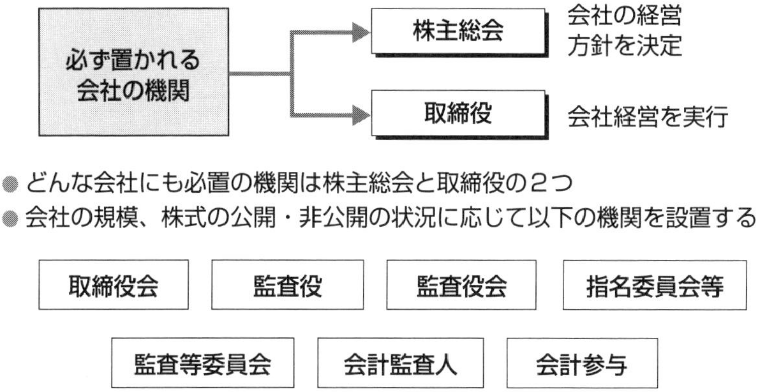

③　監査役の設置

非公開会社の場合、監査役は任意機関です。会社の業務内容の監査を徹底させたい場合には設置を検討することになるでしょう。非公開会社では、実務上は監査役の代わりに顧問税理士が会計業務の監査を行うこともあるため、監査役が置かれることはあまりありません。

監査役は、取締役の業務執行のチェックが仕事内容ですから、その関係で取締役が監査役を兼任することが禁止されています（会社法335条）。そのため、１人で会社を設立し、自らが取締役となる場合、他の者を招き、監査役として選任しなければなりません。２人で会社を設立する場合には１人が取締役となり、他の者を監査役として選任することができます。

３人以上で設立する場合についても、取締役会を設置しない場合には２人の場合と同様です。注意が必要になるのは取締役会を設置する場合です。この場合、非公開会社であっても会計参与を選任しない場合には監査役を選任することが必要です。

会社設立に関する責任

会社法は、会社設立の健全性を確保するため、発起人や設立に関与する会社設立当時の取締役・監査役（以下、「発起人等」という）が不正な設立行為に関わった場合、重い責任を課しています。

発起人等は、わざとまたは不注意で第三者に損害を与えた場合、第三者に対して損害を賠償しなければなりません。１人で会社を設立する場合であっても第三者に迷惑をかけることはありますから、この点には気をつけなければなりません。

また、発起人等に期待される程度の注意をせず、任務の遂行を怠ったときには会社に損害賠償責任を負わなければなりません。

設立時の出資は金銭であるケースが多いでしょうが、設立時に金銭ではなく現物による出資を行う場合、その価格が定款に記載された額

■ 株式会社の機関設計

株主総会	取締役	【非公開会社・大会社以外】			
					（会計参与）
			監査役		（会計参与）
			監査役	会計監査人	（会計参与）
		取締役会	会計参与		
		取締役会	監査役		（会計参与）
		取締役会	監査役	会計監査人	（会計参与）
		取締役会	監査役会		（会計参与）
		取締役会	監査役会	会計監査人	（会計参与）
		取締役会	指名委員会等	会計監査人	（会計参与）
		取締役会	監査等委員会	会計監査人	（会計参与）
		【非公開会社・大会社】			
			監査役	会計監査人	（会計参与）
		取締役会	監査役	会計監査人	（会計参与）
		取締役会	監査役会	会計監査人	（会計参与）
		取締役会	指名委員会等	会計監査人	（会計参与）
		取締役会	監査等委員会	会計監査人	（会計参与）
		【公開会社・大会社以外】			
		取締役会	監査役		（会計参与）
		取締役会	監査役	会計監査人	（会計参与）
		取締役会	監査役会		（会計参与）
		取締役会	監査役会	会計監査人	（会計参与）
		取締役会	指名委員会等	会計監査人	（会計参与）
		取締役会	監査等委員会	会計監査人	（会計参与）
		【公開会社・大会社】			
		取締役会	監査役会	会計監査人	（会計参与）
		取締役会	指名委員会等	会計監査人	（会計参与）
		取締役会	監査等委員会	会計監査人	（会計参与）

に著しく足りなければ、発起人と設立時取締役は、連帯してその不足額を埋めあわせる責任を負います。

設立しようとしていた会社がアクシデントなどにより、結果的に成立しなかった場合、発起人は、会社の設立に関する行為について責任を負い、会社の設立にかかった費用を負担します。

設立後の役員の責任

後述しますが、取締役と会社は委任の関係に立ち、取締役は、会社に対して善管注意義務・忠実義務を負っています。取締役が任務を怠って会社に損害を与えた場合、会社に対して損害賠償責任を負います。これを任務懈怠責任といます。任務懈怠責任は、過失責任です。取締役が注意を怠らなかったことを立証（証明）すれば責任を免れることができます。

ただし、取締役など、役員が会社に対して責任を負う場合であっても役員の会社に対する責任が免除・減軽されることもあります。

また、取締役の任務違反行為によって、会社以外の第三者（株主や会社債権者）に損害が発生した場合、取締役は、その第三者が受けた損害を賠償する責任を負います。

取締役に課せられる罰則

違法な行為を罰する法律としては、刑法がありますが、会社法では、特に会社の健全性を守るため、違法な行為を行った役員らに対して刑罰を科すものとしています。

会社法が定める罰則を大きく取締役らの背信行為、会社財産に対する罪、株式などに関する罪、汚職・不正な利益供与の罪、その他「業務停止命令違反の罪」「虚偽届出等の罪」などに分けることができます。おもな罰則規定は、次ページ図の通りです。

■ おもな罰則規定

罪　名	主　体	行　為	罰　則
特別背任罪	発起人、取締役、執行役、監査役、会計参与など	自己または第三者の利益を図る目的、会社に損害を加える目的で、任務に背く行為をし、会社に損害を加えること	10年以下の懲役または1000万円以下の罰金（両方の場合もある）
会社財産を危うくする罪	発起人、取締役、執行役、監査役、会計参与など	株式などの引受けによる払込みに際して、裁判所や総会で虚偽の申述、事実の隠ぺいをすること	5年以下の懲役または500万円以下の罰金（両方の場合もある）
	取締役、執行役、監査役、会計参与など	①会社の計算で不正に株式を取得すること、②法令・定款に反する剰余金の配当、③会社の目的範囲外の投機取引のための会社財産の処分	
預合い罪	発起人などや払込取扱機関	発起人らと払込取扱機関が通謀して、帳簿上、借入金の払込みがあったものとし、借入金の返済が済むまでその払戻しをしないとの約束をすること	5年以下の懲役または 500 万円以下の罰金（両方の場合もある）
取締役らの贈収賄罪	（収賄側としては）取締役、執行役、監査役、会計参与、会計監査人など	（収賄側としては）職務上、不正の請託（依頼）を受け、財産上の利益を受け取り、または要求もしくは約束をすること	（収賄側としては）5年以下の懲役または500 万円以下の罰金
株主らの権利行使に関する贈収賄罪	（贈賄側としては）法律上、特に限定はないが、おもに取締役、執行役など	（贈賄側としては）株主の権利行使に関し、不正の請託（依頼）をして、財産上の利益を供与し、またはその申込みもしくは約束をすること	5年以下の懲役または 500 万円以下の罰金（贈賄側も収賄側も同じ）
株主の権利行使に関する利益供与の罪	（利益を与える側としては）取締役、執行役、監査役、会計参与など	株主の権利行使に関し、会社またはその子会社の計算で財産上の利益を与えること	3年以下の懲役または 300 万円以下の罰金（両方の場合もある）

5 取締役について知っておこう

会社の命運を握る存在

取締役とはどんな存在なのか

取締役は、会社経営の方向性を決める役割を担う存在です。

会社経営の最前線に立つわけですから、会社の命運を握る存在だといえます。それに応えていくために、取締役は、会社を効率的に動かすノウハウ、従業員のもつ力を引き出す能力、経済的な先見性などはもちろんですが、会社関連の様々な法律への対応力など、総合的な能力を兼ね備えなければならない存在だといえます。

株主と取締役の違いは何か

ところで、会社は誰のものなのでしょうか。日々出社して会社で働くのは従業員や取締役ですが、彼らは会社の所有者ではありません。会社の所有者は、その会社に資金を出資している株主です。本来は所有者である株主が、会社の経営方針から業務内容まですべてを決定できればよいのですが、会社の規模が大きければ、株主は多数存在しますし、その多くは経営自体に興味を持っていません。そこで、株主総会では、会社の基本事項だけを決定し、取締役を選任して日々の業務を任せるのです。つまり、「所有は株主」「経営は取締役」という役割分担をしているのが株式会社の特徴です（所有と経営の分離）。

株式会社の経営は取締役が行う

企業の規模が大きくなると、それだけ出資者＝株主の数も多くなります。そうなると、株主の関心も様々ですから、経営にはそれほど興味はないという株主も出てきます。また、株主に必ずしも経営の能力があるとは限りません。そこで、株式会社では、会社の所有者である株主と会社の経営者である取締役らが制度上分離されています。このことを所有と経営の分離といいます。

もっとも、所有と経営の分離は、「株主が経営者を兼ねてはいけない」ということを意味するわけではなく、特に小規模な企業では株主自ら経営を行うケースも多くあります。

取締役はどのように選任されるのか

取締役を選ぶ権限をもっているのは、出資者であり会社の所有者である株主です。株主は、会社の最高意思決定機関である株主総会に参加し、その株主総会において取締役を選任することで、会社の事業の方向性を自ら定めていることになるわけです。なお、取締役を選任する際には、株主総会の普通決議（議決権の過半数の株主が出席し、出席株主の議決権の過半数の賛成による決議）を経なければなりません。

取締役選任の効力は、株主総会において選任決議がなされ、取締役が就任を承諾したときに生じます。選任された取締役の氏名は登記されるべき事項です。取締役が株主総会において選任決議がされることを条件にあらかじめ就任を承諾している場合は、株主総会での選任決議によって直ちに取締役選任の効力が生じます。

定款で資格を制限できる

会社法は、取締役の資格に関して制限（欠格事由）を設けています（次ページ図）。この他にも、定款で取締役の資格を限定する定めを設けることができます。また、非公開会社の場合は、取締役を株主に限定する定款の定めを置くこともできます。しかし、公開会社の場合は、取締役を株主に限定する定めを置くことは許されません。

取締役の仕事は会社の業務執行

取締役の仕事は会社の業務執行を担当することです。ただし、取締役会設置会社では、後述するように代表取締役と業務執行取締役が業務執行を担当します。

ここにいう業務執行とは、会社経営のために必要な行為のすべてを意味します。材料を仕入れることや、製品を製造すること、商品を販売すること、必要な設備を整えること、銀行から資金を借り入れること、など会社の事業を遂行するために必要なことはすべて業務執行であり、これが取締役の仕事となります。

取締役会設置会社の場合、業務執行の決定を行うのが取締役会ですが、その決定に基づき、業務執行を誰が行うのかについては、会社法で、①代表取締役、②代表取締役以外で取締役会の決議によって業務を執行する取締役と指名された者と規定されています（会社法363条)。そして、①・②のように業務執行権限を与えられた取締役のことを業務執行取締役といいます。なお、②に該当する取締役だけを指して業務執行取締役という場合もあります。

■ 取締役の資格制限

会社法が定める取締役の資格がない人（欠格事由）
①法人
②会社法、一般社団・財団法人法、金融商品取引法、倒産法（民事再生法、外国倒産処理手続の承認援助に関する法律、会社更生法、破産法）に定めた一定の罪を犯し、刑に処せられ執行を終えた日または執行を受けなくなった日から２年を経過していない者
③②に定める法律以外の法律に基づく犯罪を犯し、禁錮以上の刑に処せられ執行を終えていない、または執行を受けないことになっていない者

※成年被後見人や被保佐人が欠格事由であるとの定めは、令和元年12月成立の会社法改正で削除された。

したがって、取締役会設置会社では、取締役会が業務執行についての意思決定を行い、代表取締役あるいは業務執行取締役が業務執行を行います。個々の取締役は、取締役会のメンバーとして、代表取締役を含めた業務執行取締役の業務執行などを監視・監督する役割を果たすことになります。

他の取締役の監視・監督

取締役の行為を他の取締役は監視・監督していくことになります。そのためには、取締役が会社の業務執行の状況や財政を知っておく必要がありますから、取締役会設置会社の場合、代表取締役を含めた業務執行取締役には、最低でも３か月につき１回、業務執行の状況を取締役会に報告する義務が課せられています。

会社との関係は委任関係

従業員は会社と雇用契約を結んで仕事をしています。しかし、取締役は使用人（従業員）と違い、会社と雇用契約を結んで業務の執行などをしているわけではありません。取締役は会社のオーナーである株主が集まる株主総会で選ばれますが、これを法律的に見ると、会社が業務の執行などを取締役に任せている形になります。このような契約

■ 取締役と会社の関係

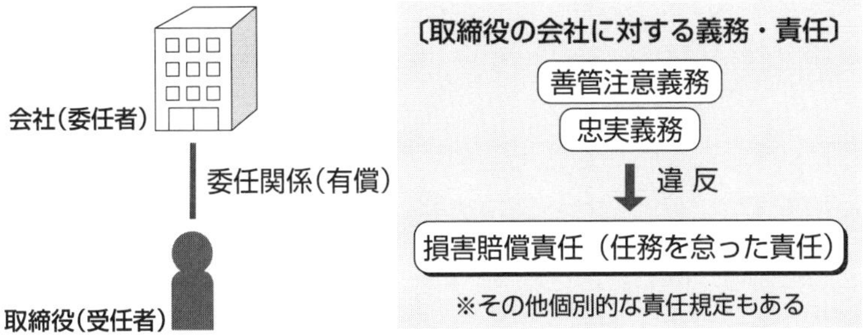

を委任契約といい、会社と取締役は委任契約によって結びついていることになります。

委任契約は、他人に対して一定の活動を依頼し（委託）、依頼を受けた人がこれを承諾すること（受任）で成立する契約です。会社が取締役になることを依頼し、それを承諾したのですから、取締役になった以上、委任の趣旨である会社経営のために全力を尽くさなければならない義務が課せられます。これを善管注意義務と呼んでいます。

さらに、会社法355条には、「取締役は、法令及び定款並びに株主総会の決議を遵守し、株式会社のため忠実にその職務を行わなければならない」と定められています。これを忠実義務と呼んでいます。この忠実義務については、善管注意義務の内容を具体的に定めたものであると解されています。

その他にも様々な義務がある

取締役は使用人よりも責任や裁量が大きいことから、会社の利益に反する取締役の行動を防止する要請が高いといえます。そこで、一定の行為については事前に会社側の承認を得ることを義務付けている他、業務の執行などを担当する取締役に対する監視・監督を義務付けています。ここでは、多くの会社で採用されている取締役会設置会社の場合を見ていきましょう。

まず、会社側の事前承認について、取締役が会社の営業の部類に属する取引を自分や第三者の利益のためにする場合は、事前に取締役会の承認を得なければなりません。これを競業取引規制（競業避止義務）と呼びます。また、取締役が自分または第三者の利益のために会社と取引することは、会社に不利益をもたらす可能性がありますから、これも事前に取締役会の承認が必要になります。これを利益相反取引規制と呼びます。

次に、取締役への監視・監督について、取締役には取締役会に出席し、代表取締役や業務執行取締役が、会社の利益のために会社の経営方針に沿った適正な業務執行をしているか、法令や定款に反するような行動をしていないかなどを監視し、不適切な行動があればそれを是正する義務もあります。

取締役会は、取締役会設置会社において、大きな権限を与えられている取締役がその権限を濫用することを防ぎ、会社の経営を円滑かつ迅速に行っていくための機関です。このような取締役同士の監視・監督は、取締役の重要な義務となっています。

取締役の責任は過失責任が原則

22ページで述べたように、取締役は、その任務を怠った場合に会社に生じた損害を賠償する責任（任務懈怠責任）を負います。任務懈怠とは、善管注意義務・忠実義務に違反することを意味します。具体的には、競業取引規制や利益相反取引規制への違反、法令・定款への違反など、会社の取締役の地位にある人に通常要求される注意義務を欠いたと考えられる行為はすべて含まれます。任務懈怠責任は、過失責任（不注意があった場合にだけ負う責任）であり、任務懈怠責任を追及するためには、取締役に任務懈怠があったという事実を会社が立証（証明）する必要があります。

もっとも、利益相反取引をした取締役については、任務懈怠があったと推定されます。この場合、会社が利益相反取引をすることを決定した取締役や、取締役会の承認決議に賛成した取締役も任務懈怠があったと推定されます。以上に該当する取締役は、自分に任務懈怠がなかったことを立証できなければ、会社に対して損害賠償責任を負います。つまり、任務懈怠に関する立証の責任が会社から取締役へと移ります。さらに、自分のために当事者として利益相反取引（自己取引）をした取締役は、無過失責任を負います。

6 監査役の権限・責任について知っておこう

業務監査と会計監査がおもな仕事

監査機関とは

会社の監査機関とは、監査役・会計監査人・指名委員会等設置会社の監査委員会・監査等委員会設置会社の監査等委員会のことです。その他、会計参与も経営者の不正行為などを是正する一定の役割を果たします。

監査役の選任・解任・人数・任期

監査役とは、取締役の不正行為などを是正・防止するために、取締役の職務執行を監査する会社の機関です。監査役は、原則として取締役会設置会社では設置しなければなりません。

監査役の選任は株主総会の普通決議で行います。具体的には、原則として議決権の行使ができる株主の議決権の過半数にあたる株式を有する株主が出席し、出席株主の議決権の過半数によって選任されることになります（普通決議）。

監査役にも取締役と同様の欠格事由があります。また、取締役を監査する立場に立つため、監査役は会社やその子会社の取締役・執行役・支配人などを兼ねることができません（兼職禁止）。監査役も取締役と同様、株主総会の決議で選任されますから、会社とは委任関係に立ちます。このため、監査役は取締役と同じように会社に対して善管注意義務を負うことになります。

監査役の定数は定款で定めるのが一般的です。監査役会設置会社の場合は、監査役は３名以上必要でが、それ以外の会社については定数の定めがないので、１名でもかまいません。監査役の任期は、就任後

４年以内に終了する事業年度のうち最終のものに関する定時株主総会の終結の時までとされています。非公開会社では、定款の定めで「４年」を最長10年まで伸長できます。

監査役が行う監査の内容とは

監査役の監査の内容は、取締役が職務を適法に遂行しているかを監査する業務監査と、取締役が株主総会に提出する会計書類を調査する会計監査が基本となります。

業務監査とは、取締役による職務執行が法令や定款に違反せず適法に行われているかを監査することです（適法性監査）。具体的には、会社の業務に関する取締役会での意思決定やその意思決定に基づく業務執行が適法であるか、などについて監査を行います。会計監査とは、取締役が株主総会に提出する計算書類などについて監査し、意見を報告する業務のことです。会計監査で監査する書類は、事業報告・貸借対照表・損益計算書などです。

ただし、会計監査人や監査役会を設置していない非公開会社については、定款の定めを置くことにより監査役の監査範囲を会計監査に限定することができます。なお、この定めを置いている会社は、その旨を登記することが義務付けられています。

監査役の権限

迅速に正確な情報を収集することができるように、監査役には次のような権限が認められています。

①　取締役会に関する権限・義務（取締役会への出席など）

監査役は、取締役会への出席義務があり、必要があると認めるときは、取締役会で意見を述べなければなりません。また、代表取締役・業務執行取締役は、３か月に１回以上、業務執行状況を取締役会に報告する義務がありますが、監査役は、これらの取締役による会社の業務執行状況報告を聴取することになります。

その他、取締役が不正行為をしている（もしくは不正行為をするおそれがある）場合において、必要があると判断したときは、監査役は、招集権者に対して取締役会の招集を請求することができ、５日以内に取締役会の招集通知が発せられない場合は、自ら取締役会を招集することができます。

② 業務調査権（事業報告請求権・業務財産状況調査権）

監査役は、取締役や支配人その他の使用人に対し事業の報告を求め、会社の業務・財産の状況を調査することができます。

③ 子会社調査権

親会社の監査役は、その職務を行うため必要があるときは、子会社に対し事業の報告を求めることができます。また、子会社の業務・財産の状況を直接調査することもできます。

④ 株主総会に関する権限・義務

監査役は、取締役会が株主総会に提出する議案・書類に違法または著しく不当な事項がある場合には、株主総会で報告しなければなりません。監査を行った結果、取締役の職務遂行について不正の行為や法令・定款に違反する重大な事実を発見した場合には、監査報告書にそれを記載する必要があります。

⑤ その他（差止請求権・訴訟における会社代表）

監査役には、取締役の行為の差止請求権があります。監査役の差止請求権は、取締役が会社の目的の範囲外の行為その他法律や定款に違反する行為をし、または、それらの行為を行うおそれがあり、その行為によって会社に著しい損害が発生するおそれがある場合に認められます。また、会社と取締役との間の訴訟について、監査役は会社を代表します。

7 監査役以外の監査機関について知っておこう

監査役会、会計参与、会計監査人がある

監査役会とは

監査役会とは、監査役によって構成される会社の監査機関です。おもに大規模な会社において、監査役の調査を分担するなどして監査の実効性を高めようとするためのものです。監査役会は３人以上の監査役で構成され、そのうちの半数以上は、社外監査役でなければなりません。また、監査役会は、監査役の中から常勤の監査役を１名以上選定しなければなりません。

監査役会は、株主総会に提出する監査報告を作成し、常勤の監査役の選定・解職の権限をもちます。また、監査の方針や会社の財産状況の調査方法など、監査役の職務執行に関する事項を決定します。監査役は、監査役会の求めがあるときは、いつでも職務執行の状況を監査役会に報告しなければなりません。

監査役会設置会社においては、監査役会は、監査報告書に記載すべき事項などについて監査役の報告を受け、その内容を審議の上、監査報告書を作成しなければなりません。

会計参与とは

会計参与とは、取締役（指名委員会等設置会社では執行役）と共同して計算書類などを作成し、株主総会で説明をする職務を担う機関です。中小企業では、税理士や公認会計士が会計参与として計算書類などを作成することがあります。会計参与は、公認会計士（監査法人を含む）、税理士（税理士法人を含む）でなければ就任できません。

また、会社やその子会社の取締役、執行役、監査役、使用人などとの兼任はできません。会計参与は株主総会で選任され、任期は２年ですが、定款の定めで短縮もできます。なお、非公開会社では定款の定めで最長10年まで伸長できます。

会計参与は、いつでも会計帳簿を閲覧・謄写することができる他、取締役や執行役などに会計についての報告を求めることができます。必要があれば、子会社に対しても会計についての報告を求めたり、財産の状況を調査することができます。

取締役会設置会社の場合には、会計参与は、計算書類などの承認を行う取締役会に出席しなければならず、必要があると認めるときは、意見を述べなければなりません。

会計参与の義務・責任については、会計参与も役員として職務を行う際に善管注意義務を負うことから、他の役員等と同様、その任務を怠ることで会社に与えた損害を賠償する責任を負います。

会計監査人とは

会計監査人とは、おもに大会社の計算書類やその附属明細書などを監査した上で、会計監査報告書を作成する専門の機関です。会計監査人も取締役や監査役と同様、株主総会の決議（普通決議）によって選任・解任されます。会計監査人の任期は１年で、定時株主総会で別段の決議がない限り、原則として再任されます。

会計監査人は、会社の計算書類などを監査し、会計監査報告を作成しなければなりません。会計監査人は、いつでも会計帳簿を閲覧・謄写することができ、取締役、執行役、会計参与、支配人その他の使用人に対して、会計についての報告を求めることができます。必要があれば子会社にも会計についての報告を求めることができる他、会社または子会社の業務財産状況を調査することもできます。

8 取締役会について知っておこう

株式会社の業務執行の意思決定する会議体である

3人以上の取締役で構成される

取締役会は、株式会社の業務執行に関する意思決定をする会議体です。取締役会は、3人以上の取締役によって構成されます。公開会社、監査役会設置会社、監査等委員会設置会社、指名委員会等設置会社は、取締役会を設置しなければなりません。このように取締役会の設置義務のある会社や、任意に取締役会を設置している会社を取締役会設置会社といいます。

取締役の選任など会社経営についての基本的な事項は株主総会で決定しますが、それ以外のほとんどは取締役会で決めることができます。取締役会で出された結論については、代表取締役・業務執行取締役だけではなく、個々の取締役も責任を負う場合があります。また、取締役会に提出された議案に反対するのであれば、取締役会で反対意見を表明し、かつ、議事録に異議を記録しておかなければ、議案に賛成したものとみなされ、損害賠償責任を負う場合があります。

取締役会の開催

取締役会は最低でも3か月に1回は開催しなければなりません。しかし、実際の会社経営では迅速な判断が求められることが多いため、毎月1回は開催して業務執行の意思決定や業務報告などをするべきでしょう。なお、取締役会の専属的決議事項で決議を急ぐ必要がある場合は、臨時に取締役会を開くことも可能です。

取締役会に出席するのは代表取締役から平取締役までの取締役全員です。監査役がいる場合はその監査役全員も出席しなければなりません。一般の従業員や顧問弁護士については、取締役会の側から必要な場合に出席を求めることができます。

取締役にとって取締役会への出席は自身に課せられた義務ですから、他人を代理人として取締役会に出席させることは許されません。取締役会で決めなければならない事項（専属的決議事項）は法律で決められています。たとえば、重要な財産の処分・譲受け、多額の借財、支配人その他の重要な使用人の選任・解任、重要な組織の設置・変更・廃止などです。

業務執行の決定などをする機関である

取締役会は、業務執行の決定、取締役の職務執行の監督、代表取締役の選定・解職などを行います。取締役会の重要な権限の１つに、業務執行を決定する権限があります。業務執行とは、原料を仕入れることや、商品を製造すること、商品を販売すること、必要な設備を整えること、銀行から資金を借り入れることなど、会社を経営していく上で必要なすべての行為を意味します。この決定が取締役会の決議によって行われなければなりません。

ただ、すべての業務執行について取締役会の決議を必要としていたのでは、迅速な対応が求められるケースに対応できなくなります。そのため、業務執行のうち日常的なものは、代表取締役に委任して決定させることが可能とされています。しかし、重要財産の処分・譲受、多額の借財（借金）、支配人その他の重要な使用人の選任・解任、支店その他の重要な組織の設置・変更・廃止など、重要な業務執行の決定を代表取締役に委任することはできず、取締役会で決議しなければなりません（専属的決議事項）。

代表取締役・業務執行取締役の選定・解職は、取締役会の決議事項の中でも極めて重要です。代表取締役・業務執行取締役の職務執行の監督も取締役会の重要な役割です。代表取締役・業務執行取締役は、取締役会の決議に基づいて職務執行を行わなければなりませんが、必ずしも決議を守るとは限りません。そこで、これらの人が取締役会決議に基づいた職務執行を行っているのかを取締役会が監督し、場合によっては是正しなければなりません。

決議に参加した取締役の責任

明白な違法行為はもちろんのこと、明白に違法でなくても会社にとって不適切といえる事項が、取締役会で決議されそうな場合には、これに異議のある取締役は、その事項に対する反対意見を述べて、それを議事録に記載しておかなければなりません。不適切な取締役会の決議に基づく業務執行によって会社に損害が発生した場合、反対意見を述べていたとしても、それが議事録に記載されていなければ、取締役会の決議に賛成したものと推定されるからです。この場合、業務執行をした取締役、決議に積極的に賛成した取締役、反対意見を述べなかった取締役と連帯して責任を負わされることがあります。

■ 取締役会の業務

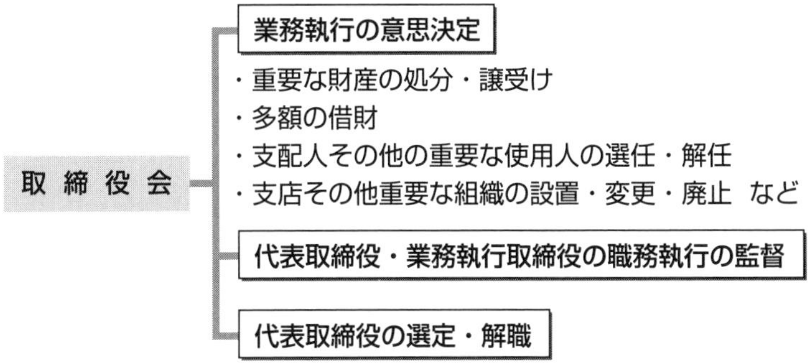

9 代表取締役について知っておこう

会社の業務を執行し、会社を代表する機関である

代表取締役とは

代表取締役とは、会社の業務を執行し、会社を代表する機関です。取締役会設置会社（指名委員会等設置会社を除く）では、代表取締役を選定しなければなりません。代表取締役は、取締役会の意思決定に従い、具体的に会社の業務を執行します（業務執行権）。また、他の会社と契約を結ぶときも、代表取締役が会社を代表して契約を結ぶことになっています（会社代表権）。

取締役会非設置会社のうち代表取締役を設置しない会社では、各取締役が会社の代表権をもちますが、代表取締役を設置する会社では、取締役会設置会社の場合と同様に、代表取締役が業務執行権と会社代表権をもつことになります。

代表取締役は、取締役会設置会社では、取締役会の決議によって取締役の中から選定します。解任する場合も、取締役会の決議で行うことができます。代表取締役は取締役としての地位を失えば、当然に代表取締役の地位も失うことになります。逆に、代表取締役としての地位を失っても、当然には取締役の地位を失うことはありません。代表取締役が取締役としての地位にとどまりながら、代表取締役だけを辞めることもできます。その場合、依然として取締役会に出席する権限も義務も残ります。

代表取締役の辞任と任期

代表取締役は、いつでも辞任することができます。代表取締役を辞任しても取締役の資格は失いませんから、その後は取締役として職務

を遂行することになります。代表取締役の任期について法律上の決まりはありません。ただ、代表取締役は取締役であることが要求されていますから、定款または株主総会決議の定めで任期を定めていないときは、取締役としての任期が代表取締役の任期となります。

代表取締役の権限には何があるか

代表取締役が持っているおもな権限は、①会社代表権、②業務執行権、③取締役会から委任を受けた事項についての意思決定権限です。

①　会社代表権

代表取締役は、会社の代表として、他の会社との取引を行うことができます。つまり、代表取締役が行った取引が、そのまま会社が行った取引として認められることになります。他の会社と契約を結ぶ場合には、代表取締役が会社の代表として契約を結ぶことで取引が成立します。また、他の会社などと間でトラブルが発生して裁判所で争うこともありますが、その場合は代表取締役が会社の代表として訴訟手続きを行います。

②　業務執行権

代表取締役は、取締役会の決定に基づき、会社の業務執行をすることができます。業務執行とは、会社経営のために必要な行為を意味しますから、会社の事業を遂行するための行為は業務執行に含まれるた

■ 取締役会と代表取締役

め、その範囲は多岐にわたります。

さらに、株主総会の招集通知を発すること、取締役会を招集すること、新たに株式を発行したり社債を発行するときに使う申込証を作成すること、財務関係の書類を作成することなど、代表取締役の地位から発生する役割も担います。このような役割や業務執行が代表取締役の職務執行にあたり、取締役会による監視・監督の対象となります。

③　取締役会から委任を受けた事項についての意思決定権限

取締役会設置会社では、会社の業務執行は取締役会で決定することが原則ですが、法律で取締役会が決議すべきとされているもの以外の事項は、取締役会が代表取締役へ委任することができます。たとえば、日常的な業務執行の決定は、代表取締役に任せることができるわけです。

代表取締役への委任ができない業務執行の決定

代表取締役は会社の重要ポストであるため、次ページ図のように、その行為の効果には様々な制約があります。また、取締役会設置会社では、業務執行について代表取締役への委任ができず、取締役会の決議で決定しなければならない事項もあります。そのおもな事項は以下の通りです。

①　重要な財産の処分・譲受

どのような取引が重要な財産の処分・譲受にあたるかは、各会社の規模などにもよりますが、判断に迷わないように、「総資産の１％を超える取引があたる」などといった基準で、取締役会で決議すべき事項となることを社内規程で定めておくことが有効です。

②　多額の借財

多額の借財についても、重要な財産の処分・譲受と同様に、判断に迷わないよう、社内規程で取締役会で決議すべき事項となるかどうかの具体的な基準を定めておくことが有効です。

③　支配人などの選任・解任

支配人とは、会社に代わって特定の事業に関する一切の裁判上または裁判外の行為をする権限を持つ従業員であり、その重要性から、支配人の選任・解任には取締役会の決議が必要になります。

④　支店など重要な組織の設置・変更・廃止

内部組織の大幅な変更は、会社にとって重要な事項ですから、取締役会の決議が必要になります。

代表取締役の解任

取締役会設置会社の場合、代表取締役の解任は取締役会の決議によって行います。解任にあたっては正当事由を要求していないため、特に落ち度がなくても解任することが可能です。

しかし、代表取締役が解任された事実は商業登記簿に記載されるため、取引先や金融機関に不安な印象を与え、その後のビジネスに悪影響が出るおそれがあります。したがって、解任の決議をする前に、まずは辞任を促すように説得するのが妥当でしょう。辞任に応じない場合に解任の決議を検討することになります。

■ 代表取締役の行為の効果

①会社代表権の制限

➡ 会社内部で代表取締役の会社代表権を制限しても、それを知らない（善意）第三者には、その制限を主張できない

②第三者に対する責任

➡ 代表取締役が職務を行った結果、第三者に損害を与えた場合には、会社は損害賠償責任を負う

③会社代表権の濫用

➡ 相手方が代表権の濫用を知っていた（悪意）、または、知らないことに不注意（過失）があるときには、会社に効果は帰属しない

④決議に基づかない行為

➡ 株主総会または取締役会の決議がないことを相手方が知り（悪意）、または知らないことに不注意（過失）があるときには、決議が必要なのにそれがない行為（または無効な決議に基づく行為）は無効になる

10 合同会社とはどんな会社なのか

合同会社の業務執行権と代表権は原則として全社員にある

出資は金銭などに限られる

合同会社、合名会社、合資会社といった持分会社はいずれの形態の会社であっても所有と経営が一体となっている組織で、業務を執行する社員を中心とした組織です。

しかし、合同会社は、持分会社であっても株式会社と類似する点があることから、合名会社や合資会社と異なる規制が置かれています。

事業開始時の出資について見てみると、合名会社の場合は全社員が無限責任社員です。つまり、会社の債務などについて、全社員が履行する義務を負っているのです。その会社に売掛金を有している取引先や融資を行っている銀行などの債権者側から見ると、社員の個人資産も債務の弁済をしてもらうためにあてにすることができます。このため、合名会社の社員は、会社を設立する際に労務や信用によって出資することも認められており、必ずしも金銭などによる出資をしなくてもよいことになっています。

一方、合同会社の場合には全社員が有限責任社員ですから、社員個人の財産を会社の債務履行のために投じる義務は負いません。このため、取引先や銀行などから見た場合には債務を履行してもらえるか、という点において合名会社よりも不安が多いといえます。こうした理由から、合同会社を設立する場合には、社員は必ず金銭などによる出資をしなければならないことになっています。

株式会社のような規制は置かれていない

株式会社には、所有と経営の分離（会社の所有者は株主だが、会社の経営は株主総会で任命された取締役が行うこと）という大前提があります。また、ある程度大規模な組織が株式会社として活動をしていくことが想定されているため、様々な規則や制限などが設けられています。柔軟に活動をしたい組織にとっては、株式会社という会社形態は活動しにくい組織であるといえます。

この点、合同会社の場合には、所有と経営の分離という原則はありませんし、もともと柔軟に活動することが想定されているため、株式会社ほどの規則や制限は定められていません。

たとえば、株式会社の場合、経営や利益の配分について、出資した額の大きさに比例した影響を受けますが、合同会社の場合には、出資した金額とは無関係に業務を執行したり利益の配分を受けるように決めることもできます。

株式会社の場合には定期的に株主総会を開催したり、決算情報について公開しなければなりませんが、合同会社の場合には、そうした制限や義務はありません。合同会社の場合には所有と経営が一体となって業務を進めることができるため、株主の意向によって経営判断が左右されることもありません。

合同会社の代表者にはどんな権限があるのか

通常、株式会社の代表取締役には、会社を代表する権限（代表権）と業務を執行する権限（業務執行権）があります。したがって、社長や会長などの代表取締役は、会社の代表者として対外的な取引などを行う権限を有しているのです。合同会社の場合にも、会社の代表者として代表権を有する者は存在します。ただ、代表取締役などの一部の者が代表権を有するのではなく、原則として、合同会社に出資した社員は全員代表権を有することになっています。

意思決定はどうする

合同会社の定款は、株式会社とは異なってかなり自由に定めることができます。会社の意思決定についての取り決めも同様で、意思決定の方法についても定款で自由に定めることができます。

意思決定について特に定款で定めない場合には、原則として全社員の過半数によって決定することになっています。定款で業務執行社員を限定している場合には、その業務執行社員の過半数によって決定します。

組織決定は柔軟にできる

株式会社の場合には、組織決定についても細かいルールが定められています。たとえば、株主総会や取締役などの機関を設置することが法律で強制されています。一方、合同会社の場合には、設置しなければならない機関などは特にありません。会社の意思を決定する権限は原則として全社員にありますし、定款の定め方しだいでは、一定の者だけに権限を持たせることもできます。

■ 合同会社への出資と出資者の責任

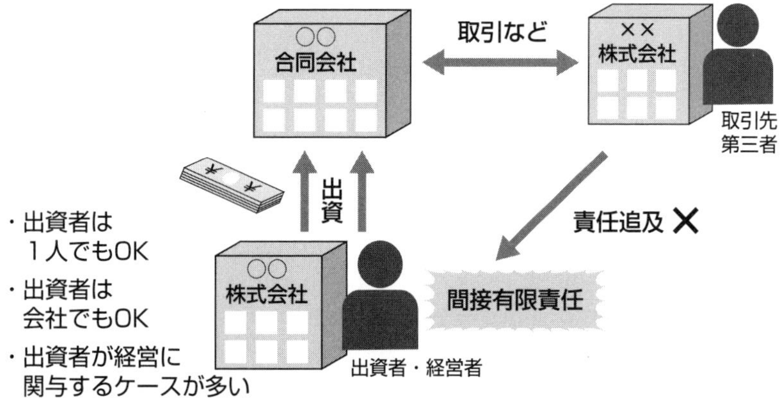

11 一般社団法人について知っておこう

非営利型法人は収益事業だけに課税される

一般社団法人とは

社団法人とは、２名以上の社員（構成員）が集まって作る団体で、法人格が付与されたもののことです。

法人格とは、個人のように権利や義務の主体となることができる団体のことで、取引の主体となることができる他、法人名義の財産を所有したり登記を行うこともできます。この点で、法人格を持たない任意団体とは大きく異なります。

一般社団法人は、社団法人の一種であり、営利を目的としない法人です。

かつては、非営利活動を行う団体が法人格を取得するためには、事業の目的に公益性を備える必要がありました（いわゆる公益法人）が、制度改革がなされた現在では、事業に公益目的がなくても、一般社団法人として法人格を取得することが可能になっています。

設立する際の手続きも、簡略化されており、一般社団法人の場合には、設立者が話し合って定款を作成し、公証役場で公証人の認証を受けた後は、登記手続きを済ませれば設立が認められます。

設立時に定款を作成して認証を受けなければならない、という点は株式会社と同様ですが、一般法人は会社とは異なって、剰余金が出た場合に社員に配当することはできません。しかし、法人としての活動内容については、非営利の事業だけでなく収益を得る事業を行うこともできます。

なお、一般社団法人・一般財団法人のうち、公益法人認定法により、公益性の認定を受けたものは、公益社団法人と公益財団法人になります。公益認定申請の大まかな手続きの流れは、①事前の準備、②認定の申請、③審査、④移行登記手続きとなります。公益認定を受ける場合、一般社団法人の目的について、23種類の公益目的事業をおもな目的としていることが必要です。

どのような機関があるのか

一般社団法人には、通常、社員で構成される社員総会、理事で構成される理事会、業務監査・会計監査を行う監事などの機関があります。

社員総会は、法人の最高意思決定機関で、株式会社における株主総会と同じような役割を果たす機関です。理事会は、法人の業務執行機関で、株式会社における取締役会と同じような役割を果たします。監事については、必ず設置しなければならない機関ではありませんが、設置した場合には、理事会の業務執行の状況と会計について監査する役割を果たします。

一般社団法人は最低でも１人以上の理事を置かなければならないことになっています。理事会を置く場合には、３人以上の理事を置かなければなりません。

一方、監事は前述したように、必ず置かなければならない機関というわけではありません。ただし、理事会を置く場合には、最低でも１人以上の監事を置かなければならないとされています。

また、大規模一般社団法人の場合には、会計監査人を置かなければなりません。大規模一般社団法人とは、貸借対照表の負債の合計額が200億円以上の法人のことです。この場合に設置しなければならない会計監査人は、公認会計士か監査法人が担当します。

一般社団法人の税制はどうなっているのか

一般社団法人に課される法人税は、その法人がどのような事業を行っているかによって異なります。

結論から言うと、一般社団法人が非営利型の法人（非営利型法人）

である場合には、収益事業からの収益が法人税の課税対象となります。一方、非営利型に該当しない場合には、全所得が法人税の課税対象となります。非営利型に該当しない一般社団法人の場合、すべての所得が課税対象となるので、法人が受け取る寄附金や補助金も課税対象となります。

非営利型法人とは

非営利型法人には、２つのタイプがあります。その法人が設立された目的がたとえば会員の交流や親睦を深めることが目的であるかどうか、という法人の目的によって決まるものと、法人の目的は問わないかわりに剰余金や残余財産などについての処理をどう定めているか、という観点から定まるものです。

具体的には、①剰余金や解散時の残余財産を分配しないことを定款

■ 一般法人と公益法人の違い ……………………………………

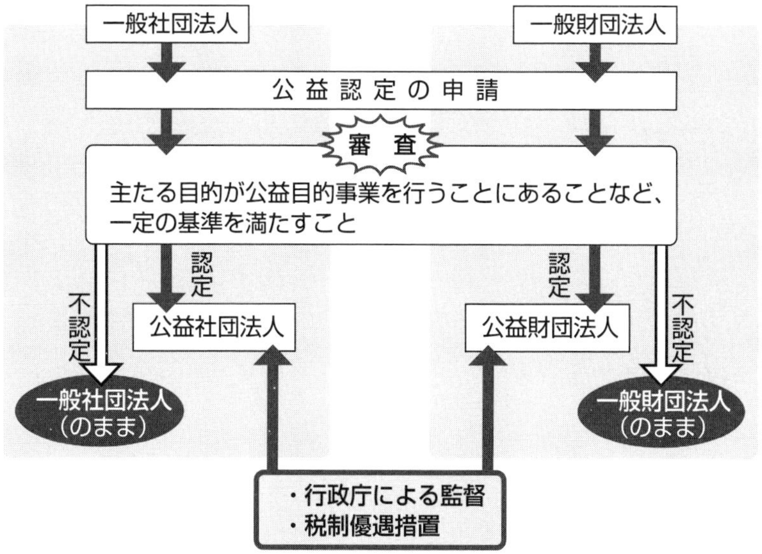

に記載しているタイプの法人（非営利型が徹底された法人）と、②会員から徴収する会費によって会員のために運営しているタイプの法人（共益的活動を目的とする法人）があります。②に該当する非営利型の法人とは、会員の交流や親睦をはかることを目的として設立されている法人などです。

非営利型法人に該当するかどうかは法人税法、法人税法施行令などによって厳格に規定されており、それらの要件を満たさなければ非営利型の法人とは認められません。

たとえば、前述の①のタイプの非営利型法人として認められるためには、ⓐ剰余金の分配を行わないことを定款に定めていること、ⓑ解散したときは、残余財産を国・地方公共団体や一定の公益的な団体に贈与することを定款に定めていること、といった要件を満たすことが必要です。また、②のタイプの非営利型の法人として認められるためには、ⓐ会員に共通する利益を図る活動を行うことを主たる目的としていること、ⓑ定款等に会費の定めがあること、ⓒ主たる事業として収益事業を行っていないこと、といった要件を満たすことが必要です。

いずれの要件も専門的な内容ですから、非営利法人として税務申告を行いたい場合には、専門家に相談した方がよいでしょう。

NPO法人との違い

NPO法人の場合、所轄庁に対して法人を設立する申請をして設立認証を受けなければなりません。一方、一般社団法人の場合、NPO法人と異なり公証人による定款の認証を受ける必要がありますが、NPO法人で必要とされている所轄庁の認証や登記完了後の届出といった手続きは不要です。また、NPO法人の場合、活動分野が20分野に限定されているため、収益事業をおもな目的として活動することは認められませんが、一般社団法人の場合にはそのような制限はありません。

役員の責任

役員の責任については、株式会社の設立と同様の規制が置かれています。法人を設立する段階において、理事や監事などの役員が任務を怠った場合には、法人に対して損害賠償を支払わなければなりません。また、任務を怠ったことによって、法人だけでなく第三者にも損害を与えた場合には、その第三者に対しても損害賠償責任を負わなければなりません。

設立後も、役員がその職務を行う際には、委任の本旨に従って、善良な管理者の注意義務（その人の職業や社会的地位に応じて一般的に期待されている注意義務のことで略して善管注意義務という）をもって行わなければならず、その注意義務を怠った結果、法人に損害を与えた場合には、法人に対して賠償責任を負います。ただし、定款規定と理事会の決議といった要件を満たす場合には役員の会社に対する責任が軽減されることはあります。また、設立後においても、役員が悪意または重大な過失によって第三者にも損害を与えた場合、その第三者に対しても損害賠償責任を負うことになります。

■ 法人税の取扱い

	法人税の取扱い	法人税率
非営利型に該当しない一般社団法人	普通法人と同様にすべての所得に対して法人税が課される	23.2%（所得金額中、年 800 万円以下の部分は 15%）
非営利型の法人（非営利性が徹底された法人及び共益的活動を目的とする法人）	一般社団法人の行う収益事業から生じた所得に対して課税する	23.2%（所得金額中、年 800 万円以下の部分は 15%）

12 その他こんな法人・団体で活動する方法もある

それぞれの団体の特色を把握することが大切である

合名会社・合資会社とは

合名会社と合資会社は、どちらも、親子・親戚・友人など人的に信頼関係の深い少数の人々が共同して事業を営むときに採用されてきた会社形態です。

合名・合資会社では、定款によって、社員の出資に関する事項が確定されます。無限責任を負う社員がいることから、会社財産を確保する重要性が少なく、設立段階で出資が履行されていることは求められません。また、無限責任社員の場合、金銭による出資の他、労務・信用出資も認められています。会社の経営については、社員全員が業務執行権をもつのが原則ですが、定款で、一部の社員だけが業務執行権をもつものと定めることもできます。

■ 合名会社と合資会社

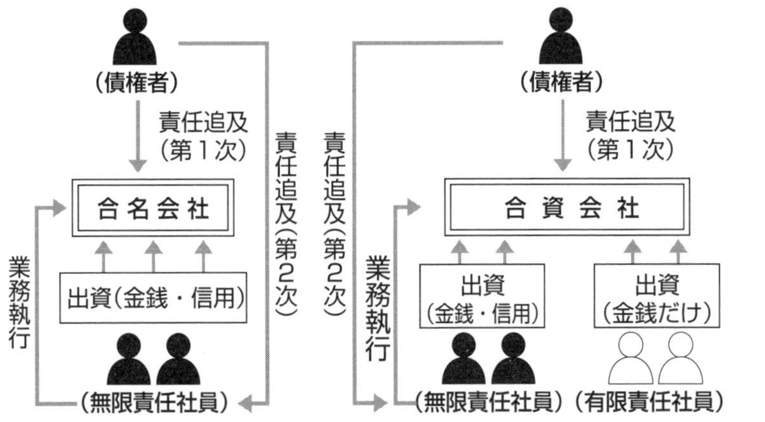

NPO法人とは

NPOは英語でNonProfit Organizationと言い、略してNPOと呼ばれています。NPO法人は、日本語では特定非営利活動法人といいますが、その活動は、様々な社会貢献活動を行い、団体の構成員に対して、収益を分配することを目的としない点に特徴があります。

株式会社などの営利企業の場合には、自社の利益を上げることを目的として活動しますが、NPO法人の活動は、利益を上げることをおもな目的として活動することはできません。ただし、おもな活動目的としていない場合には、収益を目的とする事業を行うこと自体が認められています。この場合、事業で得た収益は、様々な社会貢献活動に充てることになります。

一般的に、法人は株式会社や合同会社などの営利法人と学校法人や宗教法人、医療法人などの非営利法人に分かれますが、NPO法人は非営利法人に含まれます。このように、NPOは、特定非営利活動促進法に基づいて法人格（個人以外の者で権利義務の主体となることのできる者のことをいいます）を取得した法人ですが、法人格の有無にかかわらず、福祉や教育、文化、地域のまちづくり、環境、国際協力といった様々な分野で、社会のニーズに応えるような活動をすることが期待されています。

NPO法人の活動は、20分野の活動に限られています。法人格を取得しないでNPO活動を行っている場合には、特にこの分野に限られませんが、NPO法人として活動をする場合には、その他の業種を行うことはできないので注意が必要です。ただし、20分野のうちの１つしか活動できないわけではなく、複数の分野にまたがって活動することは可能です。また、活動の対象については、不特定多数のために行うのが原則となります。つまり、活動する業種は限定されていますが、サービスの提供などを行う場合には、その対象者を限定してはいけない、ということです。

株式会社との比較

NPO法人は、公益のために活動する団体です。したがって、活動の結果、得た利益について株式会社は株主などに配分することができますが、NPO法人の場合には、正会員などの構成員に配分することはできません。利益は事業に投じなければならないのです。

また、構成員についても相違点があります。NPO法人の場合には10人以上の社員が必要ですが、株式会社の場合には、１人以上の株主がいれば設立することができます。

役員についてもNPO法人は３人以上の理事と１人以上の監事を置かなければなりません。株式会社の場合には、１人以上の取締役を設置すればよく、監査役の設置については任意となっています。

課税対象となる事業については、NPO法人の場合には収益事業にのみ課税されるのに対して、株式会社の場合には全事業に対して課税されます。

NPO法人は、株式会社などと異なって、資本金なしに設立することができます。また、通常、設立する際の費用もあまりかかりません。

なお、法人を設立する際には、株式会社の場合には登録免許税や公証人手数料などで20万円～25万円程度の費用がかかりますが、NPO法人の場合には、登記の際の登録免許税はかかりません。所轄庁（都道府県知事または政令指定都市の長）に対して認証申請をする必要がありますが、その申請手数料もかかりません。このように、NPO法人は、資金的な面から考えると、誰でも資金の負担なく設立することができる法人だといえます。

有限責任事業組合とは

有限責任事業組合は、平成17年（2005年）に施行された有限責任事業組合法によって認められた組織です。有限責任事業組合ももともとは外国で認められていたLLP（Limited Liability Partnership）を基にして導入されたことから日本版LLPとも呼ばれています。

有限責任事業組合は、株式会社のように株主総会や取締役といった機関を設置する義務を負わないので、柔軟な組織を作ることができます。

■ NPO 法人設立の流れ

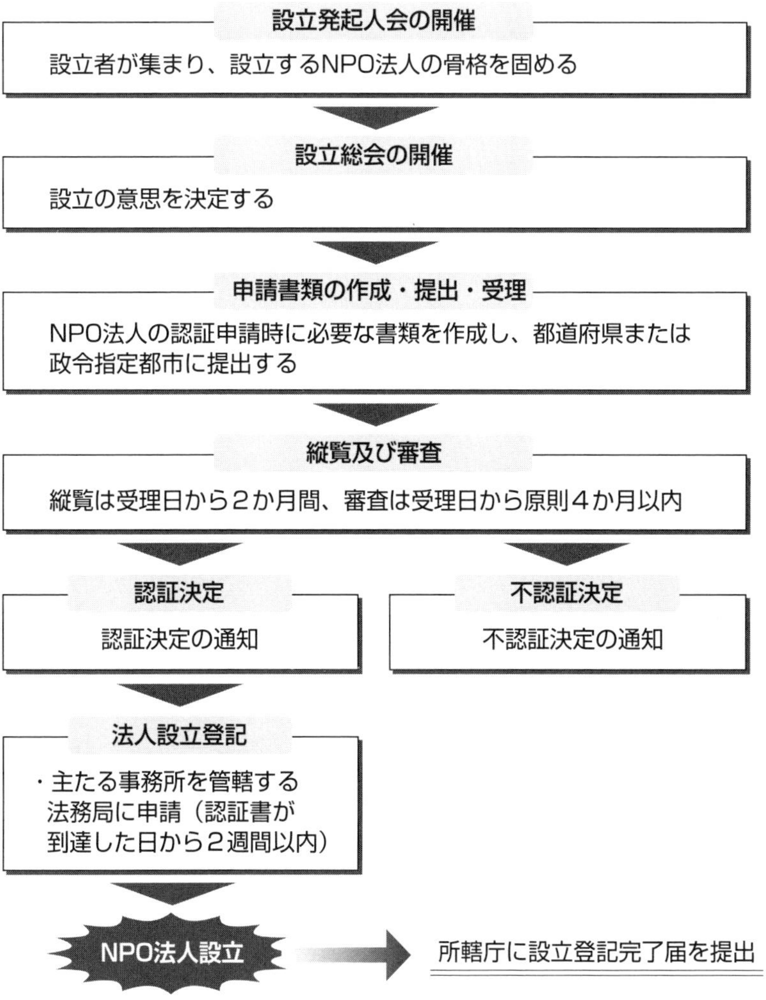

また、組合内のルールについても株式会社などと比べるとかなり自由度が高く、出資者である組合員同士で話し合って合意に達した上で事業を進めることができます。

有限責任事業組合の事業目的を達成するためには、実際に活動を行う構成員が必要です。構成員には、個人だけでなく、法人もなることができます。有限責任事業組合の活動方針について定める書類は、株式会社のような定款ではなく組合契約書です。契約である以上、最低でもその契約を交わす人員として２人以上の構成員が必要となります。

有限責任事業組合（LLP）を設立するには、組合契約書の作成や出資金の払込み、登記の申請などを行う必要があります。それぞれの手続きに必要となる書類や印鑑なども準備する必要があります。具体的な流れとしては、以下の通りとなっているので、スムーズに手続きを行うためには、以下の流れを把握しておくとよいでしょう。

① 有限責任事業組合の目的、名称、主たる事務所の所在地を決める
② 名称について、同一の商号がないかを調査する
③ 代表組合員の印鑑を作る
④ 組合契約書を作成する
⑤ 金融機関に開設した口座に出資金を払い込む

■ 有限責任事業組合設立の手続きの流れ

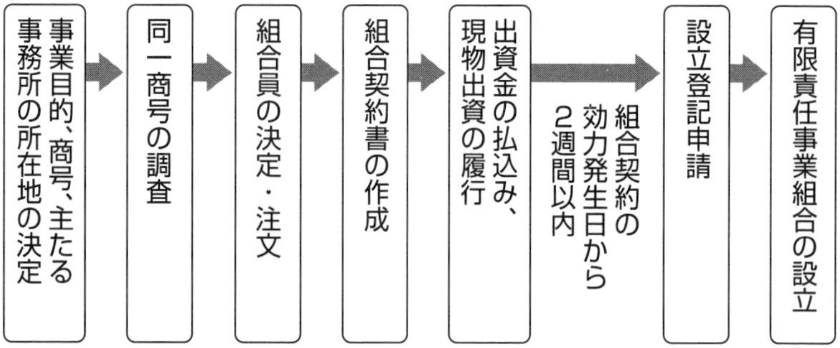

⑥　設立登記の申請に必要な書類を準備する
⑦　登記の申請を行う（登録免許税額は6万円）

有限責任事業組合のメリット

有限責任事業組合が合同会社などの持分会社や株式会社と大きく異なる点として、「組織自体に対しては課税されない」という点が挙げられます。有限責任事業組合の場合には、その構成員に対して直接課税されるのです。これを構成員課税、あるいは、パススルー課税といいます。通常、会社組織の場合には、会社の損益をもとにして算出した税額が直接その会社に対して法人税としてかけられるのですが、有限責任事業組合の場合には、有限責任事業組合について生じた損益については、その構成員である各組合員に直接課税されます。組合員が個人の場合には所得税として課税され、組合員が法人の場合には、そ

■ 一般財団法人の設立の流れ

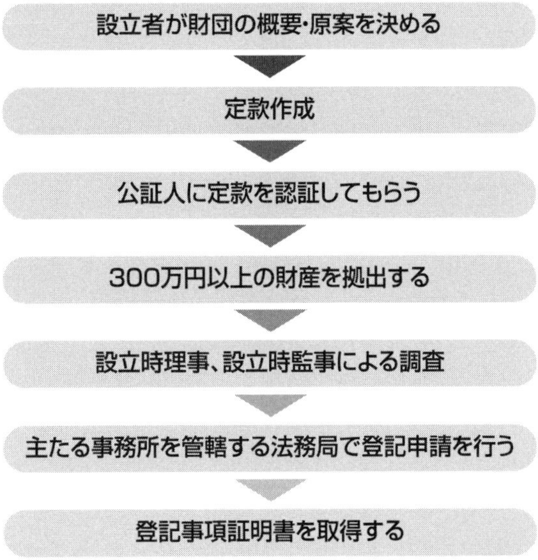

の法人に対する法人税として課税されます。組合員に課税する際には、その組合員が有限責任事業組合以外の事業などから生じた所得と有限責任事業組合での所得を通算（あわせて計算すること）することになっています。

また、株式会社の場合には、出資額の比率に応じた利益を得ることになりますが、有限責任事業組合の場合には、出資額の比率とは無関係に利益の分配を定めることができます。

一般財団法人とは

財産の集まりのことを財団といいますが、一般財団法人とは、法人格が与えられた一定の額以上の財産の集まりのことです。

一般社団法人の場合には出資金がなくても設立することができるのに対し、一般財団法人の場合には設立時に300万円以上の拠出金を払い込む必要があります。これは、一般財団法人が財産の集まりであることが前提となっているからだといえるでしょう。

一般財団法人には、一般社団法人には存在しない評議員という役職を３人以上置かなければならず、また、この評議員から構成される評議員会も必ず設置しなければなりません。これ以外にも、３人以上の理事と理事会、１人以上の監事も置く必要があります。財産の集まりである一般財団法人については財産を適切に管理する必要があり、一般社団法人と比べて多くの機関を設置することが求められています。

一般財団法人の設立の流れは前ページ図の通りです。

第 2 章

法人の設立手続きに必要な書類

1 定款について知っておこう

定款は組織の「憲法」にあたるものである

ルールを定め、人とお金を集める

株式会社や合同会社、NPO法人といった組織を設立するためには、一定の人とお金を集め、団体としての会社の実体を作り、登記をすることが必要です。団体としての会社の実体は、定款（会社や法人の根本規則）作成、出資者の確定、機関の具備、会社財産の形成などによってできあがります。つまり、組織の根本規則、お金を出す人、会社を運営する人を決めて会社の財産を実際に確保しなければなりません。定款に掲げられた設立の目的に賛成した人が出資者となり、その資金を使って、取締役や理事などの組織の運営者が、その目的達成のために活動するのです。そして、最後に設立登記（会社の設立を多くの人に知らせる公示手段）が必要となります。株式会社や一般社団法人、一般財団法人は登記をすることによって有効に成立するのです。

定款の作成方法について

定款とは、組織の基本的なルールを定めたものです。それぞれの会社や法人が、規模や性質に応じて、組織や運営についての定めを定款に規定します。

定款は、書面に記載して作成することもできますし、電磁的記録（パソコンを使い電子データとして記録すること）として作成することもできます。定款は、発起人が署名または記名押印し、公証人の認証を受けます。電磁的記録によって作成した場合には、発起人は電子署名を行います（電子公証については60ページ）。

書面で作成する場合、定款のサイズは、Ａ４サイズが一般的です。

書式はタテ書きでもヨコ書きでもよく、ワープロソフトで作成して印刷しても、手書きでもかまいません。手書きの場合、カーボン紙を間にはさんで黒のボールペンで複写します。部数は３部（登記申請用、会社保存用、公証役場の保管用）必要です（電子定款の場合は不要）。公証役場の保管用を除く２部は戻してもらえます。３通のうち１通に４万円の収入印紙を貼ります（電子定款の場合は不要）。

なお、設立法人が株式会社の場合、合同会社やNPO法人の場合と異なり、作成した定款について公証人の認証を受ける手続きが必要です。

定款の記載事項

定款に記載される事項には、①記載を欠くと定款全体が無効になる絶対的記載事項、②記載を欠いても定款自体の効力に影響はしないが、記載しないとその事項の効力が認められない相対的記載事項、③定款外で定めても効力をもつ任意的記載事項があります。

定款の記載事項は組織の種類によって異なり、株式会社や合同会社については会社法、NPO法人については特定非営利活動促進法で規定されています。

■ 定款で定めるルール

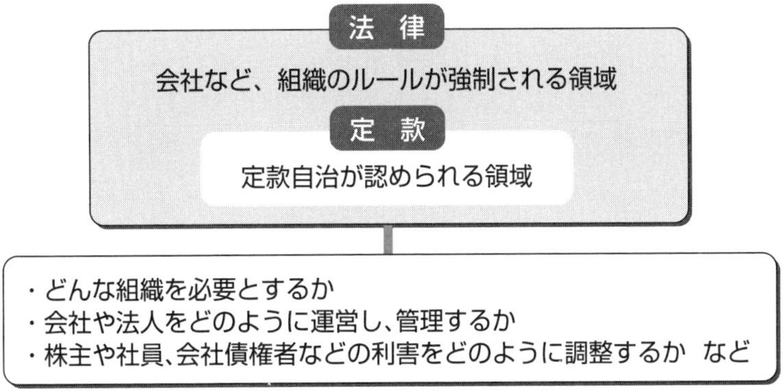

2 会社設立の際に電子定款を利用する方法もある

インターネット経由で申請ができるが事前準備が必要になる

電子定款とはどのようなものなのか

株式会社や合同会社といった組織の設立の際に作成する定款の認証は、書面で作成した定款を認証してもらうことが原則ですが、書面ではなく電子化された電子定款を認証してもらうこともできます。特に電子定款の場合、書面による定款作成時にかかる収入印紙代４万円がかからないこともあり、設立費用を節約したい起業家などがよく利用しているようです。

電子公証制度とは

公証人の業務には、前述した定款の認証の他に、公正証書の作成（公証人が作成する契約書など）、確定日付（その日にその文書が存在していたことを証明する日付のこと、契約書などの日付が書きかえられないようにするために利用される）の付与などの事務を行います。これらの事務を公証業務といいます。従来、公証業務の対象となる文書は紙媒体が中心でしたが、最近は電子文書（パソコンに読み込める電子ファイル）の場合も、一定のものについては公証業務の対象となっています。こうした制度を電子公証制度といいます。

すべての公証人が電子認証制度に対応できるわけではなく、電子公証制度に対応できるのは法務大臣に指定された公証人（指定公証人）だけですが、現在では、かなりの数の公証人が指定公証人となっているので、ほとんどの地域で電子公証ができます。

電子公証制度の対象となるものは、公証業務のうち、電子文書で作成された私署証書（契約書など）や定款（電子定款）を公証人が認証する場合や電子文書に確定日付を付与する業務ですが、もっとも多く利用されているのは、電子定款です。電子定款を利用すれば、指定公証人に電子ファイル形式になっている会社の定款の認証を嘱託でき、その定款を公証役場で20年間保存してもらうことができます。

電子定款はこれまでの定款認証とはどう違うのか

定款は紙で作成します。具体的には、パソコンのワープロソフト（ワードなど）で作成した定款を印刷します。その上で、定款に収入印紙を貼り、公証役場にもっていき公証人の認証を受けます。

一方、電子定款の場合、パソコンのワープロソフトで作成した定款をPDFにした上で、登記・供託オンライン申請システムを利用して認証の嘱託をします。ただ、電子定款の場合も、最終的には公証役場に赴かなければなりません。認証済みの電子定款はインターネット経由で受け取ることはできないので、USBメモリやCD-Rなどの記憶媒体をもって公証役場へ行き、認証済みの電子定款データを受け取る必要があるのです。

なお、この際、発起人の印鑑証明書や認証手数料、身分証明書等も持って行きます。

手数料はどのくらいかかるのか

電子定款についての手数料は、以下のようになっています。

・定款の認証 ５万円（紙媒体も同額）
・電磁的記録（電子データ。電子定款のこと）の保存 300円
・同一の情報の提供 700円（紙媒体でいう「謄本の請求」のこと。紙媒体の謄本の交付手数料は１枚につき250円）

このうち、電子定款で認証を行った場合には、紙媒体の定款の場合に必要となる収入印紙代４万円は不要となります。また、謄本を書面で受け取る場合には、１枚につき20円が加算されます。

電子定款の流れ

電子定款も書面による定款と同様に公証人に認証してもらうことが最終目的です。近年は、以前と比べると、特別なソフトや機器導入の事務負担が少なくなったのですが、電子定款の特殊性から、手続方法や事前準備に一定の費用や労力がかかることになります。

電子定款を公証人に認証してもらうまでの流れは、おもに以下のようになります（会社の場合、設立法人が株式会社でなければ、公証人の認証は不要ですので、③、⑥、⑦は不要です）。

① 電子定款を公証人に送信するための機器や電子証明書の取得

② ワードなどのソフトを利用して、定款の文面を作成する

③ 指定公証人に作成した定款を見せて確認をしてもらう

④ PDF化するソフトを用いて、作成した定款をPDFにする

⑤ PDFにした定款に署名をする（署名プラグインソフトを利用する）

⑥ 設立法人が株式会社や一般社団法人等の場合、登記・供託オンライン申請システムを利用して、指定公証人に定款を送信する

⑦ 電子定款を認証してもらい、電子定款を受け取るために公証役場に行く

■ 電子定款を利用するための準備

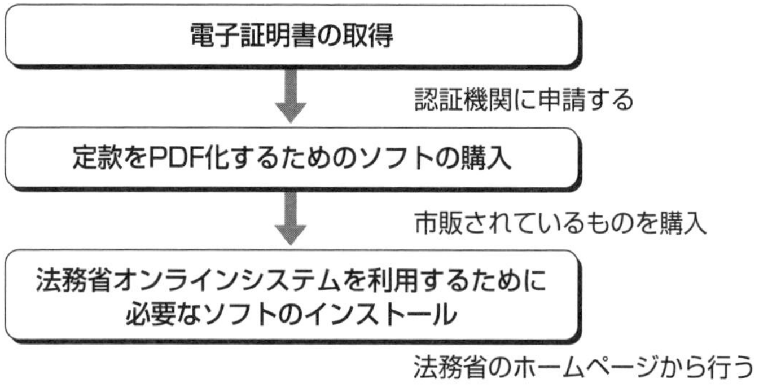

3 発起人などの印鑑証明書を用意する

定款の認証や法人代表印の届出の際に必要になる

発行後３か月以内のものを用意する

印鑑証明書とは、押印された印鑑が、押印をした者の印鑑であることを証明した文書のことです。

法人の設立手続きの際には法人の代表印を作成します。法人代表印は印鑑届書に押印して法務局に提出することになりますが、印鑑を届け出た届出人の真意を確認するため、印鑑届書には届出人個人の印鑑証明書（印鑑登録証明書と呼ぶこともある）を添付します。設立する法人の代表者が法人代表印を届け出る場合には、代表者個人の印鑑証明書が必要になるということです。印鑑届書に添付する印鑑証明書については、発行後３か月以内のものでなければなりません。

また、株式会社や一般社団法人を設立する場合には公証役場での定款の認証手続きが必要です。定款認証の手続きの際には株式会社の発起人や一般社団法人の設立時社員全員の個人の印鑑証明書が必要になるので、あらかじめ用意しておきましょう。

印鑑登録をしてから申請する

印鑑証明書を用意するには印鑑登録をする必要がありますが、その際に実印を作らなければなりません。実印とは、簡単にいえば、市区町村役場に登録を済ませた印鑑です。認印とは取扱において区別されます。

これから会社などの法人を設立しようと考えている人でまだ実印をもっていない人は、できるだけ早く実印を作っておく必要があります。実印は、重要な法律行為（契約など）に使用するもので、紛失しないように十分注意が必要です。

実印がない場合には、まず、住民登録している市区町村役場へ印鑑を持参し、出向きます。「印鑑登録申請書」に必要事項を記入して登録します。印鑑登録をすると印鑑登録証（カード）を交付してもらえます。以後、これを持参して「印鑑登録交付申請書」に必要事項を記載すると、１通につき300円程度で印鑑証明書（印鑑登録証明書）を発行してもらえます（発起人や設立時社員個人の実印についての印鑑証明書は、125、150、178ページに掲載した会社（法人）代表印についての印鑑届書とは別の書面です）。印鑑証明書には、登録印の印影、登録者の住所・氏名・生年月日が記載されています。

印鑑証明書は郵便局で取得することもできます。郵便局によっては窓口で印鑑証明書を請求して受け取ることができるところもあるのです。近所に役所がない場合には、郵便局を利用するとよいでしょう。

なお、実印登録後に実印が割れたり欠けたりすると、印影（印鑑を押した跡）が登録時のものと同一でないと判断されることもあり、同一でないと判断された場合は実印を再登録しなければなりません。

■ 代表者印の登録と印鑑証明書取得の流れ

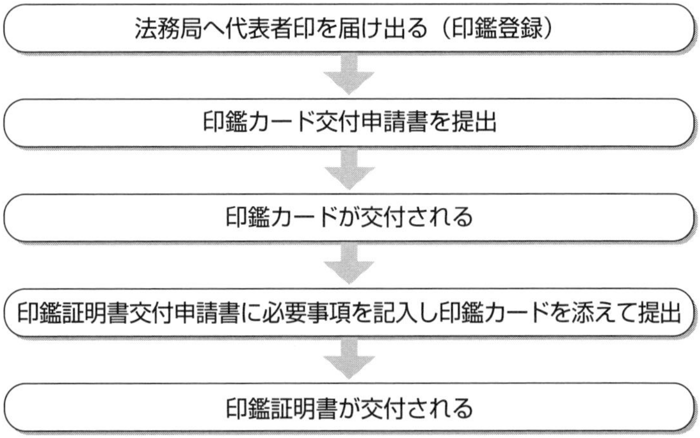

4 法人代表印を作成する

申請手続きに必要な法人代表印を作成する

代表取締役の印鑑はサイズに注意する

法人の設立登記を申請するには、組織を代表する代表取締役や理事など、代表者の印鑑（代表者印）を作成し、所轄の法務局に印鑑登録をします。印鑑登録の際には、代表取締役の印鑑（改印）届書に必要事項を記載します。株式会社の場合であれば、「○○株式会社代表取締役之印」などの印影で印鑑を作り、登記所に登録するのが一般的です。また、印鑑登録をしておくと、印鑑証明書を取得する（印鑑証明書交付申請書、67ページ）ことができます。届け出る印鑑の大きさは、１辺の長さが１cmを超え、３cm以内の正方形に収まるものであると同時に、照合しやすいものでなければなりません。印鑑の材質としては、つげ、水牛の角などがよく使用されています。

なお、本書では、法人設立で必要になる書式を掲載していきますが、書類に押印する印鑑について、団体の実印を押す箇所については丸囲みの中に「法人代表印」または「株式会社星光商事」と記載し、個人の実印を押す箇所には丸囲みの中に「実印（個人)」と記載します。一方、認印でもかまわないところは「㊞」と表記します。

法人設立と準備するその他の印鑑

組織内では、以下のように印鑑を使い分けることがあります。まず、社印とは、一般的に「○○会社之印」という具合に会社名だけが入ったやや大きめの四角い印鑑です。登記所には届けない印鑑で日常の取引業務で発生する請求書や見積書、領収書、納品書などの文書に使われる印鑑です。銀行印とは、手形や小切手の振出し、預貯金の払戻しなど銀行との取引に際して使う印鑑です。あらかじめ取引銀行に届け出ておきます。その他、代表者の常用印があります。代表者の常用印は、通常の取引などの際に契約書に押印するものです。代表者印とは異なり、登記所に印鑑登録する必要はありませんが、管理はしっかりとしておきましょう。法人の代表者印が磨耗すると登記所で印鑑登録をやり直さなければならないケースがありますので、日常の取引には常用印を使用するとよいでしょう。

■ 代表者印の規格と一般例

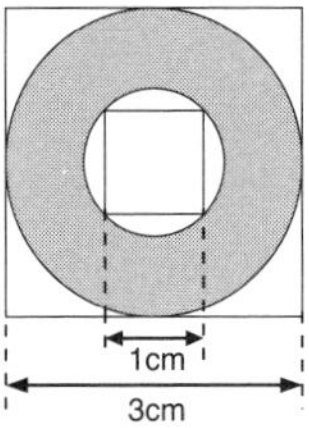

印鑑の大きさは1辺の長さが1㎝を超え、3㎝以内の正方形に収まるものでなければならない。

一般例

外丸、中丸の二重になった巻印が、代表者印では一般的。中丸に「代表取締役之印」と刻み、外丸には会社名を入れる。

■ 会社におけるおもな印鑑の種類と用途

代表者印（実印）	会社名と「代表取締役印」などの役職名が入った印鑑。重要な契約書や官公庁・地方自治体への届出などの際に押印する。管理には細心の注意が必要
銀行印	取引口座を開設するために銀行に届け出る印鑑。預金の払い出しや小切手・手形の発行の際に必要となる
社　印（会社角印）	社判、角印、会社印などと呼ばれ、社名だけが入った四角い印鑑。認印としての役割を果たし、重要度の高い書類では一般的に使用しない
代表者の常用印	会社の体表者が、重要度がそれほど高くない日常の取引（契約）文書や事務文書に使う認印。
役職者の印鑑	○○担当取締役、××部長、△△課長などの役職名入りの印鑑で、おもに注文書や社内の決裁などの押印に使用される

書式　印鑑証明書交付申請書

会社法人用

印鑑証明書交付申請書

※ 太枠の中に書いてください。

（地方）法務局　　　支局・出張所　　　年　　月　　日 申請

商号・名称（会社等の名前）		株式会社　星光商事
本店・主たる事務所（会社等の住所）		東京都新宿区××五丁目２番１号
支配人・参事等を置いた営業所又は事務所		
印鑑提出	資　格	代表取締役（丸で囲む）・取締役・代表社員・代表理事・理事・支配人（　　）
	氏　名	星　光男
	生年月日	大・昭（丸で囲む）・平・西暦　32 年 10 月 3 日生
印鑑カード番号		××××−0081517
請求通数		5 通

窓口に来られた人（申請人）　※いずれかの□にレ印をつけ、代理人の場合は住所・氏名を記載してください。

☑ 印鑑提出者本人

□ 代 理 人

住　所

フリガナ

氏　名

※代理人の場合でも委任状は必要ありません。

※必ず印鑑カードを添えて申請してください。

収入印紙欄

収入印紙

収入印紙

収入印紙は割印をしないでここに貼ってください。

（登記印紙も使用可能）

交付通数	整理番号	手数料	受付・交付年月日

（乙号・１１）

5 登記とはどんな制度なのか

会社の重要事項について公示するシステム

登記とは何か

登記とは、不動産に関する権利関係や会社の重要事項について、登記所（法務局）という国の機関に備えている登記簿に記載することをいいます。登記には、不動産をめぐる権利関係を明らかにする不動産登記制度と、商取引を迅速・円滑にするために会社などの重要事項を公開する商業登記制度があります。会社の設立や変更に関わるのは商業登記の方です。

商業登記の目的は、商取引を安全で迅速、円滑に行うことです。

たとえば、会社が設立されると、会社の目的、商号、本店と支店の所在地、資本の金額、役員の氏名などが登記され、広く世の中に会社のありさまが示されます。会社と取引を行う場合、相手方がどのような会社であるのかが全くわからなければ、安心して取引することはできませんが、登記を見ることで、資本金の額や取締役の氏名といった情報を得ることができます。

つまり、商業登記制度は、企業と取引を行う者が不測の損害を被ることのないように、会社の重要事項について情報公開（公示）をするシステムということができます。

登記は、基本的には誰にでもできる手続きですし、当事者本人が行うのが原則です。つまり、会社の設立や変更についての登記申請も会社の発起人や会社内部の人間だけで行うことができます。自分でやれば、手続きにかかる費用を節約できますし、登記制度についての知識を深めることができます。ただ、専門的な知識に自信がなく、時間的な手間を避けたい場合には、司法書士などの専門家に手続きをまかせることもできます。商業登記の代理を職業として行うことができるのは、司法書士と弁護士です。こうした専門家に依頼するには手数料が必要になりますが、複雑な登記の場合や登記を確実に完了させたい場合には、依頼や相談をしてみるのも１つの方法でしょう。

法務局の組織はどうなっているのか

登記簿は登記所に備えられています。「登記所」というのは抽象的な言い方です。実際は法務省の中の組織である法務局（地方法務局）またはその支局や出張所に登記簿があります。「法務局」は「登記所」と同じ意味であり、地方法務局や支局、出張所もこれに含まれると考えて下さい。これらの法務局は、基本的には行政区画を基準として法務大臣が指定して設置します。法務局は、札幌・仙台・東京・名古屋・大阪・広島・高松・福岡といった大都市に設置されています。法務局についで規模の大きな地方法務局は、これら以外の県庁所在地と北海道の函館・釧路・旭川に設置されています。支局や出張所は、これらの法務局と地方法務局の管内に置かれています。

■ 法務局の組織

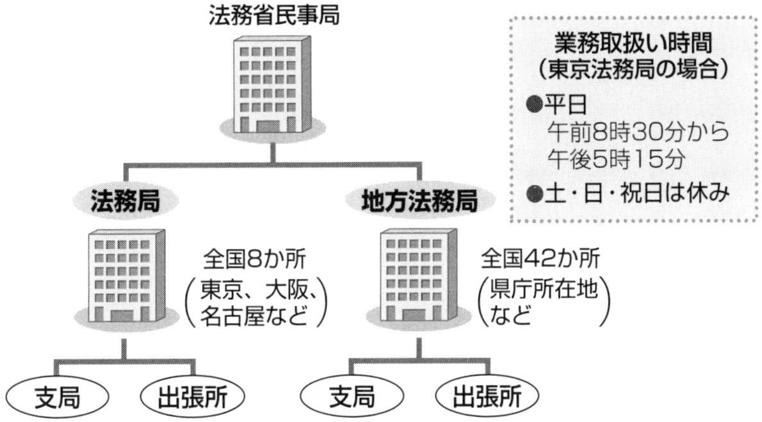

6 登記は法務局に申請する

郵送での申請もできる

書面申請とオンライン申請

登記申請には書面申請とオンライン申請という2つの方法があります。

書面申請とは、申請情報を記載した書面（申請情報を記録した光ディスクを含む）に、添付情報を記載した書面（添付情報を記録した光ディスクを含む）を添付して法務局に提出して行う申請方法です。

オンライン申請とは、申請人（または代理人）が申請情報や添付情報をインターネットによって法務局に送信する方法です。オンライン申請は正式には（商業登記規則の条文上は）「電子申請」といいますが、一般には「オンライン申請」という言い方もよく使われているので、本書では以後この呼び方を使うことにします。

オンライン申請は、法務局のうち、オンライン申請ができる登記所として法務大臣の指定を受けた法務局（オンライン指定庁）でなければすることができませんが、現在では、商業登記及び法人登記に関しても、不動産登記に関しても、すべての法務局で（ただし、商業・法人登記の場合は管轄に注意）オンライン申請をすることができます。なお、オンライン指定庁でも、従来通り、書面申請をすることができます。

商業・法人登記及び不動産登記共に、オンライン申請では、申請情報と添付情報をインターネット経由で法務局に送信するのが原則ですが、申請情報のみをインターネットで送信し、添付情報を記載した書面を法務局に郵送または持参して行うことができます。

この方式を俗に「半ライン申請」などといい、商業・法人登記及び不動産登記共にこの方式で申請することができます。

登記申請の流れ

登記は、前述したように書面を法務局に提出するか、インターネットを利用してオンラインで申請します。ここでは、おもに書面による申請について解説しましょう。

書面による申請の場合、申請書を作成すると共に、添付書類を集めるか作成するかしなければなりません。添付書類は、登記の種類によって実に様々なので注意が必要です。

申請書が完成し、添付書類を準備した後に、必要な収入印紙を購入し（あるいは登録免許税を現金で納付して）、管轄の法務局に行くか、郵便で管轄の法務局に送ります。法務局に行く場合、登記申請の受付は、平日の午前8時30分から午後5時15分までですので注意が必要です。

申請後に不備があれば補正をする

申請書類を提出しても、すぐ審査が行われるわけではありません。早い場合にはその日のうちに申請書や添付書類の審査が行われますが、通常は数日後に行われると考えてよいでしょう。

いったん受け付けられた申請書類について、その後担当官が詳しく

■ 登記申請手続（書面申請の場合）…………………………………

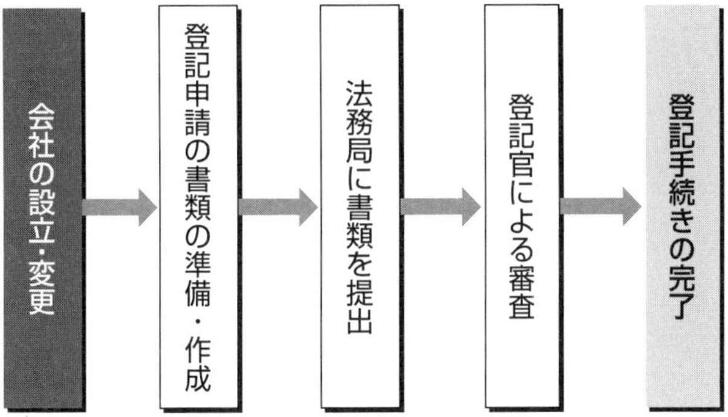

内容を審査して書類の記載に不備が見つかった場合、それを補正するように求められます。提出された登記申請書の申請人、受付年月日、受付番号、登記の種類は受付簿に記載されます。後日、法務局で補正の有無を確認しましょう。補正は、登記申請に不備がある場合にそれを訂正したり補充したりする作業です。

補正の有無を知る方法は、法務局によって多少の違いがあることが考えられますが、通常は、登記申請書に連絡先の電話番号を書かせ、補正の必要がある場合には連絡する、というシステムをとっているところが多いといえるでしょう。

補正のために法務局に出頭するときには、訂正用の筆記用具と印鑑を持参しましょう。通常、不備がある箇所に付箋が貼られた申請書を渡されますので、どんな間違いがあったか、どこをどう直せばよいか確認し、補正します。万一、間違いの程度が訂正可能なものとはいえない、つまり不備がひどく補正できないような場合には、申請の取下げをせざるを得ないこともあります。

また、郵送で申請した場合には、補正の必要があることを電話等で知らされます。補正は郵送ですることもでき、郵送で申請した場合はもちろんのこと、法務局に直接行って申請書を提出した場合、オンラインで申請した場合であっても、郵便を使って補正することができます。

任意の用紙または光ディスクの提出

登記申請書の「登記すべき事項」については、登記事項が少なく登記申請書に書き切れる場合には登記申請書に記載してもよいのですが、登記申請書に書き切れない場合には、登記申請書に「別紙の通り」「別添CD-Rの通り」と記載して、記載事項を任意の用紙（以下、「別紙」といいます）、または光ディスクにまとめて記載します。光ディスクとは、CD-ROM、CD-R、DVD-ROM等のことです。さらに、登記・供託オンラインシステムにより登記事項提出書の作成が可能で、登記すべき事項をオンラインで登録することができます。オンライン登録の利点は、光ディスクを準備する必要がないことや、オンラインによって、受付番号、補正、手続終了等の通知を受け取ることができる点にあります。通常、オンライン申請では電子署名及び電子証明書を添付しなければなりませんが、登記すべき事項の登録に限っては必要ありません。ただし、登録した登記事項提出書は登記・供託オンラインシステムへの送信後に印刷し、添付書類と共に所轄の法務局に提出しなければなりません。登記事項提出書の送信のみでは受付はされず、必ず登記所に申請書を提出する必要があります。

登記すべき事項の分量が多い場合には別紙よりも光ディスクを用いるか、または、登記・供託オンラインシステムでの送信を用いた方がよいでしょう。

本書は、第３章以下で掲載する登記申請書の「登記すべき事項」の記載について、光ディスクによる提出を想定して書式を掲載します。

近年はCD-Rなど、光ディスクを利用して提出するケースが多いようですが、どちらで作成してもかまいません。別紙によって提出する場合、図のような用紙に記入することになります。

添付書類の原本還付手続き

添付書類は原本を提出するのが原則ですが、議事録や役員の就任承諾書などの会社で保管すべき重要な書類は、その原本の還付を受けることが可能です。原本還付手続きをする場合は、登記申請書には議事録などのコピーをホチキスどめし、このコピーに「この謄本は原本と相違がない。株式会社○○代表取締役○○」と記載し、会社代表印を押印し、登記所に提出します。登記申請時に原本の還付を受けるためには、登記申請をする際に、登記申請窓口の担当官にコピーと原本が間違いなく同一であることを確認してもらってから登記申請をする必要がありますので注意して下さい。

7 本人確認証明書の添付について知っておこう

不正登記の申請を防止するため、本人確認が義務付けられる

どんな場合に本人確認証明書の添付が必要になるのか

架空の人物や他人の氏名を使って役員登記の申請を行い、詐欺的な投資勧誘などの犯罪行為に悪用するケースや、役員として登記されている者が就任を承諾した覚えがないとして争いとなるケースなど、いわゆる架空登記を防止し、かつ就任の意思を確保するため、役員登記の申請時に本人確認証明書の添付が義務付けられています。

本人確認証明書の添付が必要となるのは、次のケースです。

・株式会社の設立の登記

・取締役、監査役または執行役（以下「取締役等」といいます）の就任による変更登記（再任を除きます）

これらの登記の申請に際しては、取締役等の就任承諾書に記載した氏名、住所と同一の氏名、住所が記載された本人確認証明書の添付が必要になります。住所が登記事項とならない取締役等についても、就任承諾書への住所の記載が要求されますので注意が必要です。また、就任承諾書の代わりに株主総会議事録を援用する場合には、議事録中に取締役等の住所を記載する必要があり、記載がないものについては、別途、就任承諾書が必要になります。

本人確認証明書としては、就任承諾書に記載された氏名、住所が確認できる公的証明書が必要です。具体的には①住民票の写し、②戸籍の附票、③住所の記載がある住基カードのコピー、④運転免許証のコピー（裏面も必要）などがこれに該当します。

ただし、登記の申請書に取締役等の印鑑証明書を添付する場合には、本人確認証明書を添付する必要はありません。したがって、印鑑証明

書の添付が義務付けられている取締役会非設置会社の取締役については本人確認証明書の添付は不要になります（合併や組織変更による設立の場合には設立時取締役等の印鑑証明書の添付は不要とされることから、取締役会非設置会社の設立時取締役であっても本人確認証明書の添付が必要になります）。

それ以外の役員（取締役会を設置している会社の取締役、監査役または執行役と、取締役会を設置していない会社の監査役）については、本人確認証明書の提出が求められることになります。ただし、取締役が同時に代表取締役として就任する場合や、取締役等の変更と代表取締役の変更の登記を同時に行う場合において、取締役等が取締役会議事録に押印した印鑑証明書を申請書に添付する場合には、本人確認証明書の添付は不要です（下記の具体例を参照して下さい）。

■ 本人確認証明書が要求される場合の例

	取締役会非設置会社	取締役会設置会社
設立登記	設立時監査役 就任承諾書 本人確認証明書	設立時取締役 設立時監査役 就任承諾書 本人確認証明書
変更登記	監査役新任登記 就任承諾書 本人確認証明書	取締役新任登記 監査役新任登記 就任承諾書 本人確認証明書

8 登記内容を確認する

登記事項証明書で登記されたことを確認する

法務局で取得する

設立登記がなされた後には、登記内容を確認しておきましょう。登記の内容を確認するには、登記を申請した法務局に行き、登記事項要約書を取得するか、登記事項証明書を取得します。登記事項要約書とは、登記簿に記録されている会社情報の概要を記載した書面のことです。登記事項証明書とは、登記簿に記録されている会社情報を記載したものです。

登記事項要約書を取得するには、登記申請をした法務局に行きます。法務局に行くと、通常「会社法人用 登記事項要約書交付 閲覧 申請書」という用紙が置かれていますので、この申請書に自分の住所、氏名、商号（会社名）、本店（本社所在地）などを記入し、必要事項をチェックして窓口に提出します。

なお、登記事項要約書交付の手数料は１通あたり450円です。この手数料は登記印紙を申請書に貼って納めます。登記印紙は、通常、法務局の建物の中または法務局の近くにある売店で販売しています。

登記した内容を調べたい場合には、登記事項要約書を取得すれば足りることも少なくないでしょう。しかし、登記事項要約書では、会社情報の一部しか記載されていません。また、登記事項要約書は証明書にはなりません。

そこで、会社について、全体的なことを知りたい場合や後々その会社の登記内容についての証明書が必要になることが予想される場合には、登記事項証明書を取得した方がよいでしょう。

登記事項証明書とは、光ディスクで作成された登記簿の内容を紙にプリントアウトし、登記官による認証文が記され、認証印が押印されているものです。登記事項証明書の交付を申請する場合、法務局で登記事項証明書交付申請書に自分の住所、氏名、商号（会社名）、本店（本社所在地）などを記入し、必要事項にチェックを入れて窓口に提出します。

手数料は登記事項証明書１通につき600円ですが、１通の枚数が50枚を超える場合には、以後50枚ごとに100円が加算されます。手数料は収入印紙で納めます（窓口で請求する場合）。

登記事項証明書にはいくつかの種類がある

登記事項証明書には、以下の４種類があります。それぞれ記載されている内容が異なります。調べたい内容に応じて交付を申請して下さい。

①　現在事項証明書

商号や本店の所在地以外は現在の登記事項しか記載されていない証明書です。

②　履歴事項証明書

現在有効な登記内容の他に、過去３年間にすでに抹消・変更された事項についても記載されている証明書です。

③　閉鎖事項証明書

会社が解散したり管轄の外へ本店が移転した場合などは、登記の記録が閉鎖されることになります。それでも、その会社について調べることができるように交付されるのが、閉鎖事項証明書です。

④　代表者事項証明書

代表者事項証明書とは、その会社の代表権がある者について証明した登記事項証明書です。代表権ある者の職名（取締役、代表取締役など）、住所、氏名が記載されています。

書式　登記事項証明書交付申請書

会社法人用

登記事項証明書
登記簿謄抄本　交付申請書
概要記録事項証明書

※ 太枠の中に書いてください。

（地方）法務局　　支局・出張所　　令和　　年　　月　　日　申請

			収入印紙欄
窓口に来られた人（申請人）	住　所	東京都新宿区××七丁目3番2号	収入印紙
	フリガナ 氏　名	星《ほし》　光男《みつお》	収入印紙
商号・名称（会社等の名前）		株式会社　星光商事	
本店・主たる事務所（会社等の住所）		東京都新宿区××五丁目2番1号	
会社法人等番号			

※　必要なものの□にレ印をつけてください。

請求事項	請求通数
①全部事項証明書（謄本） ☑ **履歴事項証明書**（閉鎖されていない登記事項の証明） ※現在効力がある登記事項に加えて，当該証明書の交付の請求があった日の３年前の日の属する年の１月１日から請求があった日までの間に抹消された事項等を記載したものです。 □ **現在事項証明書**（現在効力がある登記事項の証明） □ **閉鎖事項証明書**（閉鎖された登記事項の証明） ※当該証明書の交付の請求があった日の３年前の属する年の１月１日よりも前に抹消された事項等を記載したものです。	3 通
②一部事項証明書（抄本） □ 履歴事項証明書 □ 現在事項証明書 □ 閉鎖事項証明書 ※商号・名称区及び会社・法人状態区は，どの請求にも表示されます。 ※ 必要な区を選んでください。 □ 株式・資本区 □ 目的区 □ 役員区 □ 支配人・代理人区 ※２名以上の支配人・参事等がいる場合で、その一部の者のみを請求するときは、その支配人・参事等の氏名を記載してください。 （氏名　　　） （氏名　　　） □ その他（　　　）	通
③□代表者事項証明書（代表権のある者の証明） ※2名以上の代表者がいる場合で，その一部の者の証明のみを請求するときは，その代表者の氏名を記載してください。（氏名　　　）	通
④コンピュータ化以前の閉鎖登記簿の謄抄本 □ コンピュータ化に伴う閉鎖登記簿謄本 □ 閉鎖謄本（　　年　　月　　日閉鎖） □ 閉鎖役員欄（　　年　　月　　日閉鎖） □ その他（　　　）	通
⑤概要記録事項証明書 □ 現在事項証明書（動産譲渡登記事項概要ファイル） □ 現在事項証明書（債権譲渡登記事項概要ファイル） □ 閉鎖事項証明書（動産譲渡登記事項概要ファイル） □ 閉鎖事項証明書（債権譲渡登記事項概要ファイル） ※請求された登記記録がない場合には，記録されている事項がない旨の証明書が発行されます。	通

収入印紙は割印をしないでここに貼ってください。
（登記印紙も使用可能）

交付通数	交付枚数	手数料	受付・交付年月日

（乙号・６）

資料　登記事項証明書

履歴事項全部証明書

東京都練馬区南大泉○丁目○番○号
株式会社永松商事

会社法人等番号	0116－01－00××××
商　　　号	株式会社　永松商事
本　　　店	東京都練馬区南大泉○丁目○番○号
公告をする方法	官報に掲載してする。
会社成立の年月日	令和 5 年 1 月 9 日
目　　　的	1　医薬品の製造販売 2　加工菓子の卸及び小売業務並びに輸出入業務 3　日用品雑貨の販売 4　介護用品の販売 5　紳士、婦人、子供服の販売 6　医薬品、衣料品、介護用品、日用品雑貨の輸入 7　前各号に附帯又は関連する一切の事業
発行可能株式総数	800株
発行済株式の総数並びに種類及び数	発行済株式の総数 200株
資本金の額	金 1000万円
株式の譲渡制限に関する規定	当会社の株式を譲渡により取得するには、株主総会の決議を要する。
役員に関する事項	取締役　　永松慶太郎
	東京都練馬区東大泉○丁目○番○号 代表取締役　永松慶太郎
登記記録に関する事項	設立　　令和5年1月9日登記

これは登記簿に記録されている閉鎖されていない事項の全部であることを証明した書面である。

令和5年 1月 25日

東京法務局　練馬出張所
登記官　　法 務 太 郎 ㊞

整理番号　テ332841　　＊下線のあるものは抹消事項であることを示す。

Column

法人の設立と登録免許税

会社などの各種法人や有限責任事業組合を設立する場合、法務局での設立登記申請手続きを行います。登記申請の際には原則として登録免許税の支払いが必要です。登録免許税とは、不動産、船舶、会社、人の資格などについて、公にその証明をするために必要な登記、登録、特許、免許、許可、認可、指定及び技能証明を行うときに課税される国税です。申請の際の登録免許税は、書面申請の場合、収入印紙または領収証書で納付します（台紙に貼付して、申請書と一緒に綴じます）。税額は、法人の種類や申請内容ごとに登録免許税法別表第一に記載されています。おもな法人・組合の設立申請の登録免許税額は以下の通りです。株式会社と合同会社については、原則として「資本金の額の1000分の７」という定率課税で金額を算定します。これに対して、合資会社、合名会社、一般社団法人、一般財団法人、有限責任事業組合については、１件につき６万円という定額課税です。NPO法人については登録免許税がかからないというのが特徴といえるでしょう。

■ 設立時の登録免許税

法人（組合）名	登録免許税
株式会社	資本金の額の1000分の7（これによって計算した税額が15万円に満たないときは1件につき15万円）
合同会社	資本金の額の1000分の7（これによって計算した税額が15万円に満たないときは申請件数1件につき15万円）
合資会社	1件につき6万円
合名会社	1件につき6万円
特定非営利活動法人（NPO 法人）	不要
一般社団法人	1件につき6万円
一般財団法人	1件につき6万円
有限責任事業組合	1件につき6万円

※特定非営利活動法人（NPO法人）については、登録免許税はかからない

第3章

株式会社の
設立手続きと書式

1 株式会社の設立手続きの流れを知っておこう

会社の設立は定款作成から始まる

発起人は１人以上必要である

会社を設立するには、定款の作成から登記まで、様々なことを決め、多くの手続きを行う必要があります。この手続きを行うのは当然、会社設立の企画者です。会社設立の企画者は発起人と呼ばれ、設立の手続きを行うと共に、会社に出資し、株式を引き受けます。この際、引き受けられた株式の総額が、原則として資本金になります。発起人は、株式を引き受けることで会社の持ち主（株主）になります。

通常は、発起人が発行されるすべての株式を引き受けますが（発起設立)、発起人以外の者が株式を引き受ける（募集設立）こともあります。

ただ、発起人以外の者が株式を引き受けることはほとんどないので、本書では発起設立を中心に説明していきます。

なお、株式会社の設立にあたって、資本金に制限はありません。資本金が１円でも可能です。ただ、金融機関からの融資などを考えれば、会社の資産として一定の資本金はあった方がよいと思われます。そのため、300万円程度は出資した方がよいでしょう。

設立手続の流れ

会社設立の場合には、通常、次のような手続をふみます。

① まず、起業することを決めます。その際、個人事業者として起業するか、会社として起業するかも決めます。

この段階で会社設立後の青写真を作っておくことが大切です。

また、会社を設立する場合、定款に本店所在地を記載する必要があるので、事務所を借りて事業を起こす場合には、事務所を借りておきます。

なお、その場合、まだ会社は誕生していないので、会社名義で賃貸借契約を結ぶことはできません。まずは経営者名義で借りておき、会社設立後、借主を経営者から会社へと変更できるよう賃貸人（大家さん）に話しておきましょう。

②　会社の目的、商号（会社の名前）、本店（本社）所在地、資本金の額などを記載した会社の根本ルールである定款を作ります。

定款は一般には書面で作成します。書面で作成するといってもパソコンのワープロソフトで作成したものを印刷すればよいでしょう。定款は３部作成することになります（書面で定款を作成する場合）。

定款の作成後は、公証役場に行き、公証人に定款を認証してもらいます。

なお、定款には電子定款（60ページ）というものもあります。電子定款とは、パソコンのワープロソフトで文面を作成し、PDF化した上

■ 設立手続きの流れ

定款の作成

↓ 発起人が定款を作成し、公証人の認証をうける

株式の引受け・払込み

↓ 発起人は株式を引き受け、引き受けた株式について出資の払込みをする

役員の選任

↓ 発起人が役員（取締役など）を選任する。定款であらかじめ役員を定めていれば、選任手続きは不要

役員による調査

↓ 役員が会社の設立手続に法令違反などがないかをチェックする

設立の登記

で、特定のソフトを用いて電子署名を付した定款のことです。電子定款については、公証役場に送信して電子認証してもらうことができます。

③　株式の発行事項（引き受ける数、金額）などを決め、発起人が株式を全部引き受けます。

引き受けたことの証明として株主名簿（引き受けた株式数を記載した帳簿）に記載します。

④　発起人は引き受けた株式に応じて、金銭などを払い込みます。

発起人が数名の場合は、発起人の中から代表者を選び、その者の銀行口座に振り込みます。発起人が１人のときは自分の口座に振り込むか預け入れます。

⑤　発起人は、取締役や監査役を選任します。

取締役は１人いればよく、監査役は選任しなくてもかまいません。

実務上も、小規模な会社では監査役的な業務は税理士などが代わりに行うので、監査役は選任されないようです。１人で会社を設立する場合、自分が取締役になります。定款で取締役を定めていれば取締役を選任する必要はありません。

⑥　取締役や監査役によって、会社財産が整っているかどうかチェックします。

払込みがなされているかチェックします。

⑦　最後に、設立の登記をして会社が成立します。

登記とは、会社の情報を登記簿という法務局にある公簿に記録するものです。登記は法務局に申請書を提出します。申請書には、会社の商号（会社の名前）、会社の本店所在場所などを記載します。

設立経過の調査をする

会社の設立にあたっては、発起人が引き受ける株式の払込みがなされているかどうかを調査しなければなりません。この調査をするのは、発起人によって選任された役員です。役員とは取締役や監査役のことを指します。なお、払込みについては、発起人が取締役になるケースがほとんどなので、自分で払込みの有無を確認すればよいでしょう。

商号の決定と類似商号の調査

会社は設立にあたって会社の名前を決めなければなりません。会社の名前を商号といいます。商号は会社の名前ですから、他の会社の商号と同じか類似した商号（類似商号という）であると混乱が生じます。

そのため、同一住所で同一商号の登記をすることは禁止されています。

同一本店所在地に同一の商号の会社があるかどうかについては、法務局に備えられている商号調査簿で調査をする必要があります。

また、全く同じ商号でないとしても、他社と酷似した商号を用いると、不正競争防止法により、商号使用の差止請求を受ける危険があるので注意しなければなりません。

■ 商号調査の手順

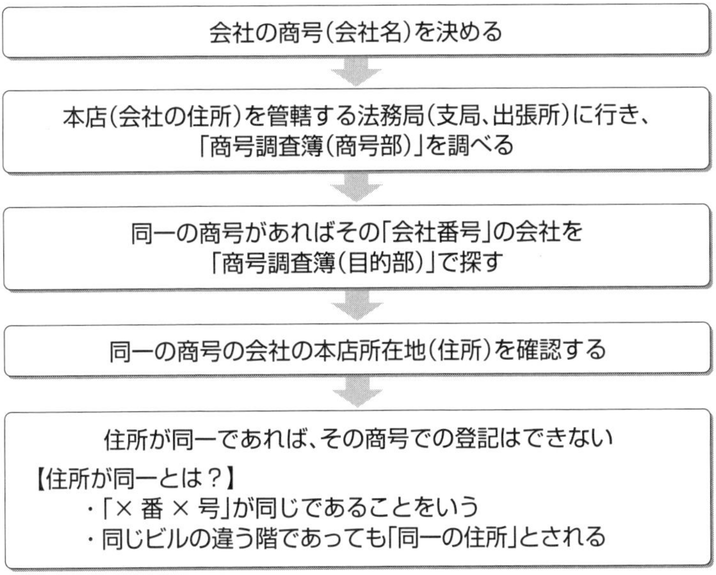

2 定款の記載事項について知っておく

絶対的記載事項は６種類ある

定款の記載事項には３種類ある

株式会社設立の第一歩は発起人による定款の作成です。発起人とは、会社設立の企画者として定款に署名した人のことです。

相対的記載事項や任意的記載事項が欠けたとしても、定款に影響はありませんが、絶対的記載事項が欠けると定款が無効になります。株式会社の定款についての絶対的記載事項には以下のものがあります。

①　会社の目的

会社設立の目的は、出資しようと考えている者にとって１つの判断材料となるものです。会社は利益をあげ、それを構成員に分配することを目的としている営利法人であるため、目的は営利性のあるものでなければなりません。また、目的は明確かつ具体的に記載し、法に違反する内容にならないようにします。

なお、目的は将来行う可能性のものも記載してかまいません。後で付け足すと、手間、費用がかかりますので、予想されるものはあらかじめ記載しておくことが望ましいでしょう。

②　会社の商号

商号とは、○○○○株式会社、株式会社××××のような会社の名前のことです。設立法人が「株式会社」の場合には商号に「株式会社」という表示を入れなければなりません。

また、前ページで述べたように、不正の目的で、他の会社と誤認されるおそれのある名称または商号を使用すると、商号の使用差止請求を受ける可能性があるため、注意しなければなりません。

③　本店（本社）の所在地

どこを本拠地とするかを明らかにするものです。記載の仕方としては、「本店を東京都○○区に置く」などと市区町村名だけを定める方法と、「本店を東京都○○区○○町○丁目○番○号に置く」というように、より具体的に所在場所を特定して記載する方法があります。

後者のように「本店を東京都○○区○○町○丁目○番○号に置く」とより具体的に場所を特定してしまっていると、同じ市区町村内で本店を移転する場合にも定款変更をしなければなりません。定款変更は株主総会の特別決議（議決権を行使できる株主の議決権の過半数をもつ株主が出席し、出席した株主の議決権の３分の２以上の多数によって行う決議）という厳格な手続きを踏む必要があります。

設立する会社の事業内容によっては「所在場所を移転する可能性などほとんどない」ということもあるでしょうが、将来のよけいな手続きやコストを省くためには、市区町村名だけを本店所在地として記載しておいた方が無難といえます。

④　設立時の出資額またはその最低額

設立のときに発起人（株主になる者）が払い込んだ出資額のことです。ここで払い込んだ財産の額が、原則として、資本金になります。

■ 定款の記載事項 ……………………………………………

記載事項の種類	意味	記載を欠いた場合	具体例
絶対的記載事項	定款に絶対に記載しなければならない事項	定款全体が無効になる	会社の目的、商号、本店の所在地など
相対的記載事項	定款に記載しないと効力が認められない事項	定款自体の効力に影響はない	変態設立事項、株式譲渡制限、公告方法など
任意的記載事項	定款外で定めても効力をもつ事項	定款自体の効力に影響はない	株式事務の手続き、株主総会の招集時期、決算期など

ただし、払い込んだ財産の額の２分の１を超えない額を資本金として計上しないこともできます。

⑤　発起人の氏名（名称）・住所

設立の企画者として責任を負う発起人の名前や住所を明らかにする必要があります。

なお、設立時に発起人が引受株数等は、絶対に定款に記載しなければならない事項ではありませんが、通常、発起人の氏名・住所と共に記載します。

⑥　発行可能株式総数

将来、会社が発行できる株式数の上限を定めます。絶対的記載事項ではありませんが、定款に記載しておきましょう。

なお、発行可能株式総数の数は、非公開会社の場合、自由に定めることができるので、将来の増資の可能性も考えると、設立の際に発行する株式の10倍程度が望ましいといえます。

定款の作成が終わった後の手続き

定款の作成が終わった後、発起人全員で定款に署名（自筆のこと）または記名押印（氏名をゴム印またはワープロで打ち、その上で印鑑を押すこと）をしなければなりません。なお、定款を電子公証（60ページ）してもらう場合には、紙の定款への署名または記名押印に代えて、電子署名をする必要があります。電子署名については後述しますが、簡単にいえば、パソコンで作成された定款が発起人によって作成されたことを証明するための電子的な署名のことです。

定款を作成し終えると、次は定款を公証人に認証してもらいます。定款の認証を受けた後、会社の登記により会社が設立するまでは、原則として定款を変更することはできません。

認証を受けた定款は、その後の手続で添付書類として使用することがあるので、きちんと保管しておきましょう。

3 実際に定款を作成してみる

譲渡制限会社である旨は必ず記載する

変更しなくてもすむ定款を作成する

ここでは、実際に書面で定款を作成する場合の注意点について、次ページ以下で掲載している定款を参考に見ていきます。

株式会社の設立時に作成する定款のことを原始定款といいます。本書で取り上げている定款は、非公開会社、取締役会非設置会社で、取締役１名の場合です。

前述したように、定款の絶対的記載事項（86ページ）は必ず記載します。絶対的記載事項で注意する点は、第１に、目的の最後には「上記各号に付随する一切の業務」と記載することです。このようにしておけば、目的に掲げた業務に付随する業務を行うことができるようになります。第２に、87ページで述べたように、本店の所在地は市区町村までにしておくとよいでしょう。具体的には「本店は東京都○○区におく」としておきます。このようにしておけば、会社設立後、本店を移転する際、移転先の住所が同じ市区町村以内であれば、改めて定款を変更する必要がないので便利です。

また、忘れてはならないのが、非公開会社である旨です。非公開会社にするには、定款に「株式の譲渡制限」を記載します（７条。92ページ）。具体的には「当会社の発行する株式はすべて譲渡制限株式とし、これを譲渡によって取得するには、株主総会の承認を要する」とします。

書式　定款（非公開会社、取締役会非設置、取締役１人）

（※定款の表紙・表側）

定　　　款

株式会社星光商事

令和５年１１月２７日作成
年　　月　　日公証人認証
年　　月　　日会社成立

（※定款の表紙・裏側）

収入印紙は、貼らずに公証役場に持参し、その場での指示に従った方がよい

収入印紙

（４万円）

実印

（個人）

実際に公証役場に行った人の実印（公証人の指示に従って契印して下さい）

株式会社星光商事　定　款

第１章　総則

(商号)
第１条　当会社は、株式会社星光商事と称する。

(目的)
第２条　当会社は、次の事業を行うことを目的とする。
　1．不動産の売買、賃貸、仲介及び管理
　2．宅地建物取引業
　3．不動産の鑑定業務
　4．貸会場の経営
　5．ビルメンテナンス業
　6．上記各号に付随する一切の業務

(本店の所在地)
第３条　当会社は、本店を東京都新宿区に置く。

(公告の方法)
第４条　当会社の公告は、官報に掲載する方法により行う。

第２章　株式

(発行可能株式総数)
第５条　当会社が発行することができる株式の総数は、２００株とする。

(株券の不発行)
第６条　当会社の株式については、株券を発行しない。

(株式の譲渡制限)
第７条　当会社の発行する株式は、すべて譲渡制限株式とし、これを譲渡によって取得するには、株主総会の承認を要する。

（相続人等に対する株式の売渡請求）

第８条　当会社は、相続その他の一般承継により当会社の株式を取得した者に対し、当該株式を当会社に売り渡すことを請求することができる。

（名義書換）

第９条　株式取得者が株主名簿記載事項を株主名簿に記載又は記録することを請求するには、当会社所定の書式による請求書に、その取得した株式の株主として株主名簿に記載又は記録された者又はその相続人その他の一般承継人及び株式取得者が署名又は記名押印し共同して請求しなければならない。ただし、会社法施行規則２２条１項各号に定める場合には、株式取得者が単独で請求することができる。

（質権の登録及び信託財産の表示）

第10条　当会社の株式について質権の登録又は信託財産の表示を請求するには、当会社所定の書式による請求書に当事者が署名又は記名押印し、共同して請求しなければならない。その登録又は表示の抹消についても同様とする。

（手数料）

第11条　前２条に定める請求をする場合には、当会社所定の手数料を支払わなければならない。

（基準日）

第12条　当会社は、毎年３月末日の最終の株主名簿に記載又は記録された議決権を有する株主をもって、その事業年度に関する定時株主総会において権利を行使すべき株主とする。

２　前項の他、株主又は質権者として権利を行使すべき者を確定するために必要があるときは、臨時に基準日を定めることができる。ただし、この場合には、その日を２週間前までに公告するものとする。

第３章　株主総会

（招集及び招集権者）

第13条　当会社の定時株主総会は、毎事業年度終了後３か月以内に招集し、臨時株主総会は、随時必要に応じて招集する。
2　株主総会を招集するには、会日より３日前までに、議決権を有する各株主に対して招集通知を発するものとする。ただし、総株主の同意があるときはこの限りではない。
3　前項の招集通知は、書面ですることを要しない。

（議長）
第14条　株主総会の議長は、取締役がこれに当たる。
2　取締役に事故若しくは支障があるときは、当該株主総会で議長を選出する。

（決議の方法）
第15条　株主総会の普通決議は、法令又は定款に別段の定めがある場合を除き、出席した議決権を行使することができる株主の議決権の過半数をもって行う。

（総会議事録）
第16条　株主総会における議事の経過の要領及びその結果並びにその他会社法施行規則７２条に定める事項は、議事録に記載又は記録し、議長及び出席した取締役がこれに署名若しくは記名押印又は電子署名をし、１０年間本店に備え置く。

第４章　取締役

（取締役の員数）
第17条　当会社には、取締役１名以上を置く。

（取締役の選任）
第18条　当会社の取締役は、株主総会において、議決権を行使できる株主の議決権の３分の１以上を有する株主が出席し、その議決権の過半数の決議によって選任する。

（取締役の任期）
第19条　取締役の任期は、選任後２年以内に終了する最終の事業年度に関する定時株主総会の終結時までとする。

（取締役に対する報酬等）
第20条　取締役に対する報酬等は、株主総会の決議により定める。

第５章　計算

（事業年度）
第21条　当会社の事業年度は、毎年４月１日から翌年３月末日までの年１期とする。

（剰余金の配当）
第22条　剰余金の配当は、毎事業年度末日現在の最終の株主名簿に記載又は記録された株主及び登録質権者に対して支払う。

（配当金の除斥期間）
第23条　剰余金の配当が、支払いの提供をした日から３年を経過しても受領されないときは、当会社は、その支払いの義務を免れるものとする。

第６章　附則

（設立に際して発行する株式）
第24条　当会社の設立時発行株式の数は２０株、その発行価額は１株につき金５万円とする。

（設立に際して出資される財産の価額又は最低額）
第25条　当会社の設立に際して出資される財産の価額は金１００万円とする。
2　当会社の設立時資本金は金１００万円とする。

（最初の事業年度）
第26条　当会社の最初の事業年度は、当会社成立の日から令和６年３月末日までとする。

（設立時取締役）

第27条　当会社の設立時取締役は、次の通りとする。
　設立時取締役　　星光男

（発起人の氏名、住所、割当を受ける株式数及びその払込金額）

第28条　発起人の氏名、住所、発起人が割り当てを受ける株式数及びその払込金額は、次のとおりである。
　住所　東京都新宿区××七丁目３番２号
　　　　星光男　　　普通株式　２０株　　　金１００万円

（法令の準拠）

第29条　この定款に規定にない事項は、すべて会社法その他の法令に従う。

　以上、株式会社星光商事を設立するため、この定款を作成し、発起人が次に記名押印する。

令和５年１１月２７日

東京都新宿区××七丁目３番２号
星　光　男　　実印（個人）

4 変態設立事項には厳格なチェックが必要になる

会社財産の確保のために定款への記載が要求されている

変態設立事項とは

定款の記載事項で絶対的記載事項の他にも注意しなければならない事項として、相対的記載事項である変態設立事項があります。

変態設立事項とは、「危険な約束」ともいわれ、会社財産を危うくする定款記載事項として特別の手続を要するものをいいます。会社に出資された資金は、定款に掲げた目的を達成するために使われるものですから、その目的を達成するために必要な行為以外の行為によって会社財産が減ってしまうことがあってはなりません。しかし、会社設立の企画者である発起人等によって会社財産を危うくする行為が行われる危険性があります。そこで、変態設立事項は、定款に記載しなければ効力が認められないものとされています。また、変態設立事項については、原則として裁判所が選任する検査役による調査が必要です。

会社法に列挙されている変態設立事項は、以下の４つです。

① **現物出資**

株式を引き受ける際、通常は金銭を払い込みますが、金銭以外の物をもって金銭の払込みにかえることができます。金銭にかえて、土地や建物、動産などを出資する場合です。現物出資をする場合、出資された物が過大に評価されると会社の資本金が実際の資本金より少なくなり、債権者（たとえば、会社に融資を行った銀行など）に迷惑をかけることになるので厳格な扱いが必要とされています。たとえば、50万円の価値しかない自動車が200万円と評価されたような場合です。もっとも、現物出資の財産が500万円を超えない場合など、会社財産に大きな影響がないときは検査役の調査は不要です。

② 財産引受

発起人が、会社成立後に財産を譲り受けることを約束した契約です。現物出資と同様、目的物の過大評価により会社財産を害する危険があり、また、他の株主との不平等を招く危険があるため厳格な扱いが必要とされています。

③ 特別の利益・報酬

会社設立のための労務に対して発起人が会社から受け取る報酬や特別の利益です。会社設立の企画者である発起人の労に報いるため、功労金や報酬として過大に金銭などが支払われれば、会社財産を危うくすることになります。

④ 設立費用

発起人が会社設立のために支出した費用です。設立費用について、発起人の自由にまかせると、会社が不相当な負担を負うことになる危険があるため、厳格な扱いが必要とされています。この設立費用としては、通信費や交通費などがあります。

■ 変態設立事項

会社財産を危うくする「危険な約束」

- ①金銭以外の物を出資する「現物出資」
- ②会社成立後に財産を譲り受ける「財産引受」
- ③発起人が受け取る「特別の利益・報酬」
- ④会社の負担となる「設立費用」

↓

厳格な手続き

ⓐ 定款に記載しなければ、効力を生じない
ⓑ 原則として、裁判所が選任する検査役によるチェックを受ける

↓

裁判所は、検査役の報告を受けて不当と認めたときは、変態設立事項の変更を決定する

事後設立とは

会社設立の際には、会社財産を現実に確保するための手続が必要とされています。特に、前述したように会社財産を危うくする変態設立事項については、厳格な手続が要求されています。そのため、変態設立事項である現物出資や財産引受の厳格な手続による規制を免れようとして、事後設立という方法がとられることがあります。

事後設立とは、たとえば自動車やパソコンなどの高額な財産（会社設立前から存在するもので、継続して会社の営業のために使用しようとするもの）を、会社の成立後２年以内に会社が買い取る契約をいいます。

このような行為は、現物出資や財産引受と同様、会社財産を危うくするものですから、厳格な規制をする必要があります。そのため、事後設立をする場合には、株主総会の特別決議（株主の議決権の過半数をもつ株主が出席し、出席した株主の議決権の３分の２以上で決議すること）が必要とされています。ただ、会社成立前から会社が所有する財産や会社成立後に取得するすべての財産について、株式会社の特別決議を要するとなると事後設立を行う者がいなくなります。

そのため、取得する財産の価格が、純資産額の５分の１以下であれば、特別決議をしなくてもよいとされています。

■ 事後設立のしくみ

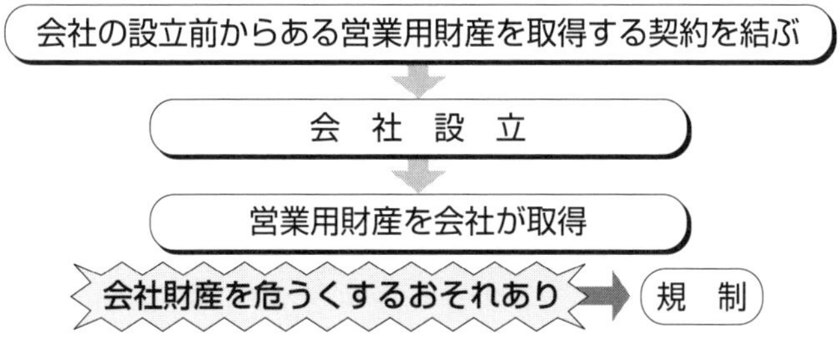

5 定款の認証を受ける

法律の知識・経験をもつ公証人によるチェックが必要

定款の認証とはどんなものか

株式会社を設立するときには、様々な手続が要求されます。株式会社の設立手続において定款の作成は最も重要な作業です。

定款作成後、発起人がそれに署名または記名押印（電子定款の場合は電子署名）をします。これによって定款自体は完成です。

次に、法務局（登記所）で会社設立の登記をしなければなりませんが、申請の際に定款を添付します。ただ、その定款は後述する公証人の認証を受けていることが前提となっているのです。

定款認証のための手続について

定款の認証は公証人が行いますから、公証役場（巻末参照）へ行って、認証を依頼しなければなりません。

公証人とは、慣習として30年以上の実務経験を有する法律実務家の中から、法務大臣が任命する公務員で、公証役場で職務を行っています。定款の認証の他、公正証書（公証人法・民法などの法律に従って作成する公文書）を作成したり、確定日付の付与（債権譲渡などの日付を証明すること）を行ったりする権限をもっています。

①　どこの公証役場に行けばよいのか

定款の認証については、どこの公証人に依頼してもよいというものではありません。設立しようとしている会社の本店（本社）所在地を管轄する法務局または地方法務局に所属する公証人に依頼しなければなりません。つまり、会社の本店所在地の都道府県内の公証役場でなければ認証できないことになっているのです。たとえば、神奈川県に本店を置く会社の定款は、東京都内の公証役場では認証を受けることができません。

② 用意すべき書類

書面で作成する定款については、同じものを3通用意します。1通は、そのまま公証役場に保存されます。また、1通は、登記申請の際に、法務局（登記所）に提出します。そして、もう1通は、会社で保存されることになるのです。定款以外に、発起人全員の印鑑証明書も用意します。代理人によって認証を依頼する場合には、委任状と代理人の本人確認資料（印鑑証明書と実印、運転免許証と認印等）も必要になります。

③ 認証

依頼を受けた公証人は、定款を審査します。法律の規定にそって必要事項にもれはないか、発起人の記名・押印がなされているかなどを審査するのです。問題がなければ、公証人は定款に「認証文」をつけます。紙で作成された定款の場合には、定款に認証文が記載されますが、電子定款の場合には、電子データで作成された定款に公証人がデータで認証をします。

④ 費用

定款の認証のための公証人の手数料は5万円です。また、定款の原本自体に4万円の収入印紙を貼付することになっています。この4万円の収入印紙は、電子定款（60ページ）を利用した場合には必要ありません。

⑤ 留意点

定款は、認証を一度受けた後は、そう簡単に変更することができないので、慎重に手続を進めるようにしましょう。

特に、会社の目的は、明確性が必要で多少専門的知識を要求される面がありますので、事前に司法書士や公証役場などに相談した方がよいでしょう。法務局、法務局出張所でも、相談に応じています。

6 定款の備置きと閲覧について知っておく

株主、会社債権者は閲覧できる

本店と支店に備え置く

会社は定款を本店（本社）と支店に備え置かなければなりません。株主と会社債権者は、営業時間内であればいつでも、定款の閲覧または謄写を請求することができます。

もっとも、定款が書面で作成されているか、電磁的記録（パソコンのデータなど）で作成されているかによって、以下のような請求をすることができます。

① **定款が書面で作成されている場合、その書面の閲覧を請求できる**

定款そのものの閲覧ができます。

② **定款が書面で作成されている場合、その謄本（定款の写し）または抄本（定款の一部を抜粋したものの写し）の交付を請求できる**

定款書面を写したものが交付されます。

③ **定款が電磁的記録によって作成されている場合は、その記録について、法務省令で定める方法で表示したものの閲覧を請求できる**

パソコンに記録されている定款をプリントアウトしたものを閲覧するか、あるいは、会社のホームページなどに掲載されている定款を閲覧することができます。

④ **定款が電磁的記録によって作成されている場合は、会社が定めた電磁的方法で提供すること、または記録内容を記載した書面を交付することを請求できる**

パソコンに記録されている定款をプリントアウトしたものを請求するか、または、会社のホームページなどに定款を掲載させるか、あるいは電子メールで通知することを請求できます。

7 株式の払込みと手続書類の作り方

払込金は会社の資本となる

払込みがあったことを証する書面を準備する

公証人に定款を認証してもらった後、発起人は設立時に発行する株式をすべて引き受けます。

この株式の引受けが終わると、発起人は株式の代金を払い込みます。その際、払い込んだことを証明するために、発起人が作成した払込証明書に、払込金が振り込まれた銀行の預金通帳の写しを合綴したものを準備します。払込みが完了し、払込みがあったことを証する書面を、「設立登記申請書」（122ページ）に添付して所轄の登記所に提出します。会社設立登記後、株式の払込みをした株主については、会社は「株主名簿」（次ページ）を作成し、原則として、本店に備え付けます。

株主名簿とは、会社の株主とその持っている株式数を記載した書面のことです。会社は株主名簿により株主を把握し、株主への配当金の交付などの際に役立てます。株主や債権者から株主名簿の閲覧要請があった場合には、会社はこれに応じる義務があります。

株式の払込みをする

本章では設立登記の申請書に添付するおもな書類について見ていきます。公証役場で定款の認証を受けた後に、今度は会社を代表する発起人の個人の銀行口座にそれぞれの発起人が引き受けた株式数に見合った出資金（資本金）をそれぞれ全額、振り込んでもらいます。

払込手続きに必要な書類は、次の２つです。

・払込みのあったことを証する書面（登記所に届ける印鑑を押印）
・預金通帳のコピー

通帳の表紙、通帳を開いて１ページ目（支店名や口座番号、口座名義人等が記載された部分)、払込みがわかるページのコピーを用意します。

上の２つの書類を合わせてとじて、①で押印した印鑑で契印（各ページの継ぎ目に押印）をします。入金は早くとも定款作成日後にします。定款の作成日前の日付の通帳に資本金に相当する残高があっても、登記が受理されません。その場合はいったん資本金に相当する金額を出金し、再度入金して下さい。

なお、入金先は銀行のインターネットバンキングでも可能です。この場合には、①金融機関名、②口座名義人、③払込日時、④入金額が記載されている画面をプリントアウトし、当該書面を、払込みのあったことを証する書面に合綴して作成することになります。

■ 株主名簿サンプル

株主の氏名	株主の住所	株式の種類	株式数	取得日
星光男	東京都新宿区×× 七丁目３番２号	普通株式	20株	令和５年11月27日
井田善治	東京都豊島区×× 三丁目４番３号	普通株式	20株	令和５年11月27日

■ 払込証明書のとじ方

払込みがあったことを証する書面と預金通帳のコピーをあわせてとじて契印を押す

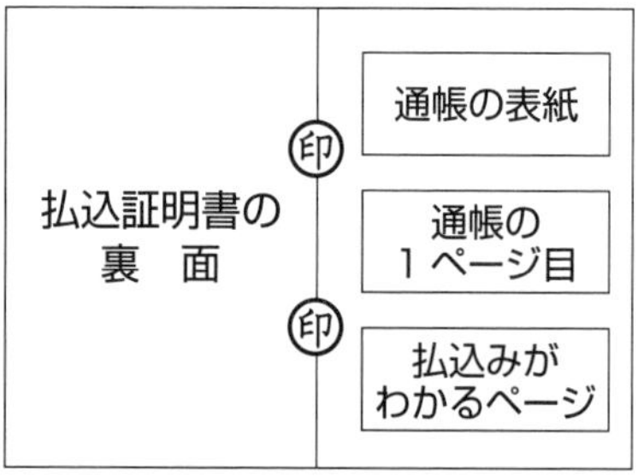

通帳のコピーについては、１枚の紙に３つのコピーをすることも、３枚の紙にそれぞれ１つずつコピーすることもできる。

書式　払込みがあったことを証する書面

証　　明　　書

当会社の設立時発行株式につき、次の通り全額の払込みがあったことを証明します。

設立時発行株式数　　　　　　　６０株
払込みを受けた金額　　　金３００万円

令和５年１１月２８日

東京都新宿区××五丁目２番１号

株式会社星光商事

設立時代表取締役　星　　光　　男

8 設立時の取締役や監査役の選任について知っておく

取締役は必ず１人以上選任しなければならない

取締役を選任する

発起人は、株式の引受けがなされた後に、取締役を選任しなければなりません。取締役は１人いればそれで足ります。設立しようとする会社が取締役会を設置する会社である場合は、３人以上の取締役を選任します。また、設立しようとする会社が監査役を設置する会社である場合は、監査役も選任します。その他、設立しようとする会社の機関構成に応じて、会計参与（取締役と共同で貸借対照表などの計算書類を作成する者）や会計監査人（貸借対照表などの計算書類を監査する者）も選任することができます。

取締役や監査役は必ずしも発起人から選ばなくてもかまいません。取締役や監査役の選任方法は、発起人が株式引受人として引き受けた株式１株につき１個の議決権を有し、その議決権の過半数によって決定することになっています。発起人が２人以上いる場合は発起人会（発起人による会議）を開催して決定します。発起人が１人の場合、その１人の発起人がすべて決定することができます。

ただ、定款に取締役や監査役を記載しておけば、あらためて選任手続きをする必要はありません。そのため、定款には取締役や監査役を記載しておくとよいでしょう。

取締役会を設置する場合には代表取締役を選定する

設立しようとする会社が取締役会を設置する会社である場合には、取締役の中から代表取締役を選定しなければなりません。設立時の代表取締役の選定は、取締役の過半数によって決定します。

代表取締役を選定するための決議は、定款認証後に行います。

代表取締役に選定された人が、代表取締役に就任するためには、就任の承諾が必要です。就任承諾書（109ページ）については代表取締役が個人の実印を押印します。

決議終了後は議事録を作成します。議事録には議事の経過の要領とその結果を記載し、出席した取締役（場合によっては監査役）の全員が署名または記名押印します。

登記申請書類や届出書類を作成する

登記申請は、会社を代表する者が本店の所在地を所轄する登記所に書面を提出して行うのが原則です。代表者が申請するのが原則ですが、代理人（司法書士または弁護士）に申請を依頼することが可能で、その場合、申請人（会社を代表する者）の委任状が必要です。登記申請に必要な書類は、それぞれ1通ずつ用意します。会社の保存用を含めるとそれぞれ2部ずつ作成します。

登記申請書や添付書類ができあがった後に、誤字、脱字、脱印、訂正箇所の訂正印、記載内容などを入念に再チェックしましょう。

■ 取締役の選任

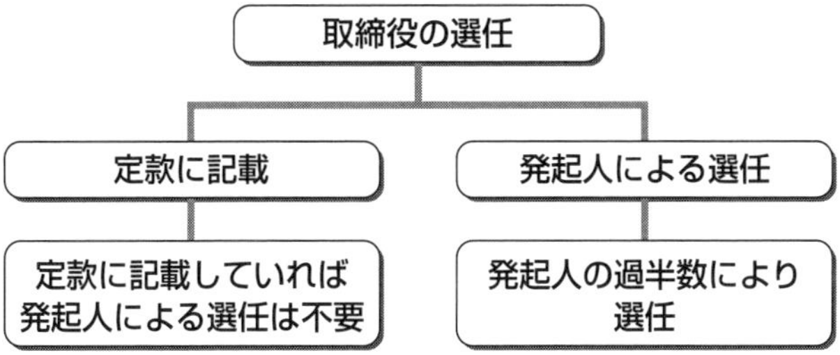

9 取締役、監査役の選任に関する書類を作成する

原則として就任承諾書が必要になる

定款に記載しておくと不要になる

会社設立においては、株式総数の引受けが発起人によって行われた後、発起人が取締役（設立時取締役）と監査役（設立時監査役。なお、監査役の選任は原則として任意です）を選任します。選任後、それぞれの役員から「就任承諾書」（109ページ）をもらう必要があります。

一般的には、定款にあらかじめ取締役と監査役を記載しておきます。定款の中に取締役と監査役の氏名が記載されていて、さらにそれぞれの者が発起人として定款に記名、押印しているときは、定款の記載が役員就任を承諾した書面となります。この場合、就任承諾書は別途作成する必要はありません。

しかし、間違いやすい部分でもありますので、すべての役員から「就任承諾書」をとっておいた方がよいでしょう。

定款で定めない場合、発起人が２人以上のときは、発起人会（発起人が集まり開く会議）で取締役と監査役を決定することになっています（株式１株について１個の議決権をもち、その過半数で決定）。その場合には、役員の選任にあたっての経緯を「発起人会議事録」に記載しておく必要があります。

発起人が１人の場合、「設立時取締役・設立時監査役選任決定書」で代用できます。なお、定款に記載しておけば、これらの書類は不要になります。

設立手続きを簡単にする意味では、取締役などの役員は定款に記載しておいた方がよいでしょう。

書式　就任承諾書

就任承諾書

私は、令和５年１１月２７日、貴社の設立時取締役に選任されましたので、その就任を承諾いたします。

令和５年１１月２７日

東京都新宿区××七丁目３番２号

星　光　男　（実印（個人））

株式会社星光商事　　御中

10 代表取締役の選定・本店所在地の決定に関する書類を作成する

取締役会非設置会社と取締役会設置会社とで異なる

決議事項をおさえておく

設立しようとする会社が取締役会を設置しない会社（取締役会非設置会社）である場合には、取締役３人・監査役１人を選任する必要はありません。取締役１人のみで会社を設立できます。取締役が１人である場合には、代表取締役を選定する必要はありません。１人なので必然的に代表取締役になります。

取締役会を設置しない会社が取締役を複数置いた場合は、設立時の取締役の中から設立時代表取締役を選定することができます（113ページ）。設立時代表取締役の選定方法は、いくつか考えられますが、ここでは、発起人により設立時代表取締役を選定します。あわせて具体的な本店所在地を決定することもできます（発起人が複数の場合、「発起人会議事録」を作成。112ページ）。

発起人が１人の場合で、本店所在地だけを決定する場合は、本店所在地決定書（次ページ）を作成します。

設立しようとする会社が取締役会を設置する会社である場合には、取締役の中から代表取締役を選定しなければなりません。設立時の代表取締役の選定は、設立時の取締役の過半数によって決定します（設立時代表取締役選定決議書。113ページ）。代表取締役に選定された人が代表取締役に就任するためには、就任の承諾が必要です。設立時代表取締役の「就任承諾書」を作成する必要がない場合もありますが、念のため作成しておきましょう。

書式　本店所在地決定書（発起人が１人の場合）

本店所在地決定書

令和５年１１月２７日午前１０時００分より東京都新宿区××五丁目２番１号当会社創立事務所において発起人が出席し、次の通り決定した。

本店所在地　東京都新宿区××五丁目２番１号

議長は、以上をもって議案全部を終わったので午前１０時１５分閉会する旨を宣した。上記決定事項を明確にするためこの決定書を作成し、発起人は、次の通り記名押印する。

令和５年１１月２７日

株式会社星光商事

東京都新宿区××七丁目３番２号
発起人　星　光　男　実印（個人）

書式　発起人会議事録（発起人が３人の場合）

発起人会議事録
（設立時代表取締役の選定及び本店所在地決議書）

令和５年１１月２７日午前１０時００分より東京都新宿区××五丁目２番１号当会社創立事務所において発起人全員出席し、その全員の一致をもって次の通り決定した。

設立時代表取締役　　星光男
本店所在地　　東京都新宿区××五丁目２番１号

議長は、以上をもって議案全部を終わったので午前１０時１５分閉会する旨を宣した。上記決議を明確にするためこの議事録を作成し、発起人の全員は、次の通り記名押印する。

令和５年１１月２７日
株式会社星光商事

東京都新宿区××七丁目３番２号
発起人　　星　光　男　（実印（個人））

東京都世田谷区××二丁目５番３号
発起人　　崎　岡　円　蔵　（実印（個人））

東京都豊島区××三丁目４番３号
発起人　　井　田　善　治　（実印（個人））

書式　設立時代表取締役選定決議書

設立時代表取締役選定決議書

令和５年１１月２７日午前１０時３０分より東京都新宿区××五丁目２番１号当会社創立事務所において設立時取締役全員出席し、その全員の一致の決議により次の通り設立時代表取締役を選定した。

設立時代表取締役　　星　光　男

なお、被選任者は即時就任を承諾した。

議長は、以上をもって議案全部を終わったので午前１０時４５分閉会する旨を宣した。

上記決議を明確にするため、設立時取締役全員は、次の通り記名押印する。

令和５年１１月２７日

株式会社星光商事

出席設立時取締役　　星　光　男　　実印（個人）

出席設立時取締役　　崎　岡　円　蔵　　印

出席設立時取締役　　井　田　善　治　　印

11 現物出資に関する事項について調査報告書を作成する

定款に現物出資に関する事項の定めがある場合に必要になる

設立時取締役らが調査をする

設立にあたっては、資本金として現金を出資するのが原則です。ただ、手持ちの現金がない場合には、建物や自動車など現金以外のものを出資することもできます。現金以外のものを出資することを現物出資（97ページ）といいます。現物出資をする場合には、変態設立事項（97ページ）として定款に定めなければなりません。

定款に現物出資の定めをした場合、原則として、発起人の申立てにより裁判所が選任した検査役が、定款に記載された現物出資の評価額が正しいかを調査します。

ただ、以下の場合には検査役の調査は必要ありません。

① 弁護士や税理士などから、定款に記載された現物出資の目的財産について、価額（価格）が相当であるという証明を受けた場合
② 定款に記載された価額の総額が500万円以下の場合
③ 目的財産が市場価格のある有価証券（株のこと）であり、定款に記載した価額が市場価格以下の場合

検査役の調査が不要な場合でも、取締役・監査役（監査役を設置した場合）は、現物出資として出資されたものの価額の調査をしなければなりません。この調査報告書は登記の添付書類になります。

なお、117ページに財産引継書がありますが、この書面は、現物出資した財産が会社に引き渡されたことを証明するものです。115～116ページの調査報告書では、別紙作成の財産引継書によって、財産が引き継がれたことを証明しています。

書式　設立における設立手続の調査報告書（現物出資があるとき）

調査報告書

現物出資の目的たる財産の表示

私どもは、令和５年１１月２７日株式会社星光商事（設立中）の取締役に選任されたので、会社法第９３条の規定に基づいて調査をした。その結果は、次の通りである。

調　査　事　項

1　定款に記載された現物出資財産の価額に関する事項（会社法第３３条第１０項第１号及び第２号に該当する事項）

定款に定めた、現物出資をする者は発起人星光男であり、出資の目的たる財産、その価額並びにこれに対し割り当てる設立時発行株式の種類及び数は下記の通りである。

車種　　　○○○○

年式　　　令和○年式

車体番号　品川○○　と－○○○○

定款に記載された価額　金１２０万円

これに対し割り当てる設立時発行株式　普通株式　２４株

上記については時価金２００万円以上であり、当該定款の定める価額は相当であることを認める。

2　発起人星光男の引受けにかかる２４株について、令和５年１１月２８日現物出資の目的たる財産の給付があったことは、別紙財産引継書により認める。

3　令和５年１１月２８日までに上記以外の出資にかかる払込みが完

了していることは、別紙払込みがあったことを証する書面により認める。

4　上記事項以外の設立に関する手続が法令又は定款に違反していないことを認める。

上記の通り会社法の規定に従い報告する。

令和５年１１月２８日

株式会社星光商事

出席設立時取締役　星　光　男　㊞

出席設立時取締役　崎 岡 円 蔵　㊞

出席設立時取締役　井 田 善 治　㊞

書式　財産引継書（現物出資があるとき　発起人が1人の場合）

財産引継書

現物出資の目的たる財産の表示

車種　　　○○○○
年式　　　令和○年式
車体番号　品川○○　と－○○○○
価格　　　金１，２００，０００円

私所有の上記財産を現物出資として給付します。

令和５年１１月２８日

発起人　　東京都新宿区××五丁目２番１号
星　光　男　　印

株式会社　星光商事　発起人　御中

12 登記申請手続書類の作成方法を知っておく

申請書類のとじ方なども把握しておくこと

申請手続書類が多いのできちんとチェックする

会社の代表者が、会社の本店の所在地を所轄する法務局に登記申請を行います。委任状があれば代理人（司法書士または弁護士）に依頼することもできます。登記申請に必要な書類は１通ずつ用意します。会社で保管する分を含めると２部ずつ作ります。以下に挙げるのは非公開会社で発起設立の場合の申請書類です。

株式会社設立登記申請書と光ディスク（CD-Rなど）または別紙

登記申請書と登記すべき事項を記載した光ディスクまたは別紙を登記所に提出します。

登録免許税納付用台紙（124ページ）１通

登録免許税は税額が15万円に満たない場合は15万円で、それ以外は資本総額の1000分の７と定められています。税金の納付は収入印紙か現金によって納付する方法があります。どちらで納付するのかを事前に登記所で確かめておきましょう。

収入印紙で納付する場合には、まず登記申請書の次に登録免許税納付用台紙をとじ込みます。収入印紙を所定の場所に貼付し、台紙と登記申請書との間に代表者印または代理人の印を使って契印を押します。現金で納付する場合は、登記所が指定する銀行に現金を払い込みます。そこで発行してもらった領収書を納付用台紙に貼付して、申請書と台紙の間に契印した上で提出します。なお、収入印紙自体には消印しないで下さい。

定款 １通

会社の根本規則を記載した書面です。

役員の選任を証する書面 1通

発起人が役員を選任したときに必要になります。定款で役員を決めたときは不要です。

本店所在地決議書

定款で具体的な所在番所（定款の記載が東京都○○区までのとき）を決めていないときに必要になります。

取締役、代表取締役、監査役の就任承諾書 ○通

役員に就任したことを承諾する書面です。定款に発起人として実印（印鑑証明書の印影の印）を押している場合は不要です。

印鑑証明書 ○通（取締役の人数分、取締役会設置会社の場合は、代表取締役の人数分）

就任承諾書または定款、印鑑届書に押された印鑑が本人のものであることを証明するための書面です。市区町村長などが作成した印鑑証明書を添付します。

本人確認証明書 ○通（取締役会設置会社の場合の取締役の人数分、監査役を設置した場合の監査役の人数分）

取締役会設置会社の取締役の本人確認証明書、監査役を設置し、選任した場合（取締役会設置会社で、会計参与を置かない場合や、監査等委員会などいわゆる三委員会を置かない場合は、監査役の設置・選任は必須です）の監査役の本人確認証明書を添付します。

払込みがあったことを証する書面 1通

銀行などの預貯金通帳の写しなどを綴じた証明書を添付します。

場合によって添付が必要な書類もある

検査役又は取締役の調査報告を記載した書面及びその付属書類

発起人が金銭に代えて現物出資を出資した場合に添付します。定款に記載された現物出資の目的物の価格が正しく評価されていることを証明する書面です。

有価証券（株など）の市場価格を証する書面

現物出資されたものが、市場価格のある有価証券であり、定款に記載した価格が市場価格以下の場合に添付します。

弁護士などの証明書

現物出資されたものの価格が正しく評価されていることを弁護士や税理士が証明した場合に添付します。

登記申請の委任状 1通

本人申請の場合には不要ですが、司法書士や弁護士に登記申請を代理してもらう場合には委任状が必要です。

印鑑届書

会社を代表すべき者の印鑑について、印鑑届書を提出します（次ページ図C参照）。なお、会社設立登記を書面申請で行う場合は、事実上、登記申請書と共に印鑑届書を法務局に提出する必要があります。印鑑届書には届出人の印鑑証明書を添付する必要がありますが、登記申請書に添付のものを援用することができます。

申請書類のまとめ方・とじ方と登記申請書の作成方法

届出書類をとじる順序は、①登記申請書、②登録免許税納付用台紙、③各種の添付書類、となっています。登記申請書の中の添付書類の欄に記載した順にホチキスをつかって左つづりにして添付書類をとじます。別紙を添付する場合には、ホチキスで止めるのではなく、クリップなどで止めます。登記申請書の用紙については法律で特に決められていませんが、実務上はＡ４判サイズの紙を用い、横書きにします。

まず「商号」と「本店」を記載します。商号を記載する際に株式会社を（株）と省略したり、本店を記載する際に何丁目何番何号をハイフンでつないだりせず、正しく表記しなければなりません。

次に「登記の事由」「登記すべき事項」を記載します。登記の事由としては、「年月日発起設立の手続終了」と、設立手続が終了した旨を記載します。登記すべき事項の欄には、「別紙の通り」として、登記すべき事項を記載した別紙を提出します。また、登記すべき事項を記録したCD-R等を提出することもできます。さらに「登録免許税」「添付書類」を記載し、「上記の通り申請する」という文言を書き入れます。

最後に申請年月日と申請人（会社の場合は会社の本店、商号、代表取締役の住所・氏名）を記載し、氏名の後に申請人が法務局に届け出てある印鑑を押印します。

■ 登記申請書類のセットの仕方

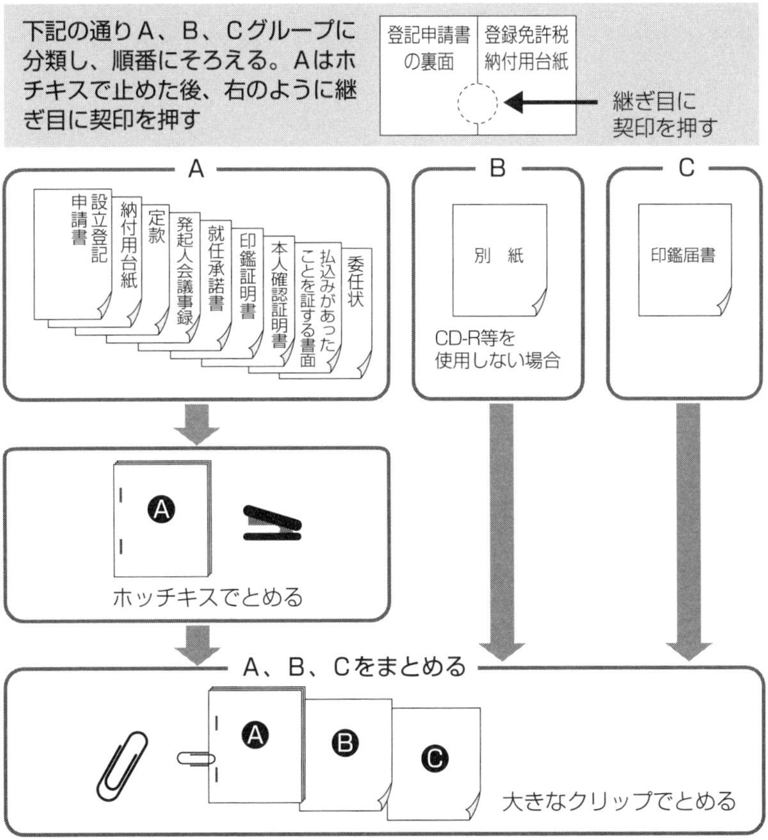

書式　登記申請書

株式会社設立登記申請書

1．商　　　　号《フリガナ》　株式会社星光商事《ホシミツショウジ》

1．本　　　　店　東京都渋谷区 ×× 五丁目２番１号

1．登 記 の 事 由　令和５年１１月２８日発起設立の手続終了

1．登記すべき事項　別添 CD-R の通り

1．課 税 標 準 金 額　金３００万円

1．登 録 免 許 税　金１５万円

1．添　付　書　類

定款	1通
発起人の同意書	1通
設立時取締役の選任を証する書面	1通
設立時代表取締役を選定したことを証する書面	1通
設立時取締役及び設立時代表取締役の就任承諾書	4通
設立時取締役の印鑑証明書	3通
払込みがあったことを証する書面	1通

上記のとおり登記を申請する。

令和５年１２月４日

東京都渋谷区 ×× 五丁目２番１号

申請人　　株式会社星光商事

東京都新宿区 ×× 七丁目３番２号

代表取締役　　星　光男

連絡先の電話番　０３－１２３４－５６７８

東京法務局　渋谷　出張所　御中

書式　登記すべき事項（取締役３人、代表取締役１人）

「商号」株式会社星光商事
「本店」東京都新宿区 ×× 五丁目２番１号
「公告をする方法」官報に掲載する方法により行う。
「目的」
１. 不動産の売買、賃貸、仲介及び管理
２. 宅地建物取引業
３. 不動産の鑑定業務
４. 貸会場の経営
５. ビルメンテナンス業
６. 上記各号に付随する一切の業務
「発行可能株式総数」６００株
「発行済株式の総数」６０株
「資本金の額」金３００万円
「株式の譲渡制限に関する規定」
当会社の発行する株式は、すべて譲渡制限株式とし、これを譲渡 によって取得するには、株主総会の承認を要する。
「役員に関する事項」
「資格」取締役
「氏名」星光男
「役員に関する事項」
「資格」取締役
「氏名」崎岡円蔵
「役員に関する事項」
「資格」取締役
「氏名」井田善治
「役員に関する事項」
「資格」代表取締役
「住所」東京都新宿区 ×× 七丁目３番２号
「氏名」星光男
「登記記録に関する事項」設立

書式　登録免許税納付用台紙

(登録免許税納付用台紙)

台紙と申請書との間に申請人または代理人の契印を忘れないで下さい。

収入印紙

(15万円)

この台紙の中央に貼って下さい。

登録免許税の収入印紙
現金納付領収証書等の
貼付台紙

書式　代表取締役の印鑑届書

印鑑（改印）届書

※ 太枠の中に書いてください。

（注１）（届出印は鮮明に押印してください。）

商号・名称		株式会社　スターライト商事
本店・主たる事務所		東京都新宿区××五丁目２番１号
印鑑提出者	資　格	代表取締役・取締役・代表理事 理事・（　　　　　）
	氏　名	星　光男
	生年月日	明・大・昭・平・西暦　　年　　月　　日生
会社法人等番号		××××××

（注２）
□ 印鑑カードは引き継がない。
□ 印鑑カードを引き継ぐ。

印鑑カード番号

前　任　者

届出人（注３）　☑ 印鑑提出者本人　　□ 代理人

住　所	東京都新宿区××七丁目３番２号	（注３）の印 実印（個人）
フリガナ	ホシ　ミツオ	
氏　名	星　光男	

委　　任　　状

私は，（住所）

（氏名）

を代理人と定め，印鑑（改印）の届出の権限を委任します。

令和　　年　　月　　日

住　所

氏　名　　　　　　　　　　印　〔市区町村に登録した印鑑〕

□ 市区町村長作成の印鑑証明書は，登記申請書に添付のものを援用する。（注４）

（注１）　印鑑の大きさは，辺の長さが１㎝を超え，３㎝以内の正方形の中に収まるものでなければなりません。

（注２）　印鑑カードを前任者から引き継ぐことができます。該当する□にレ印をつけ，カードを引き継いだ場合には，その印鑑カードの番号・前任者の氏名を記載してください。

（注３）　本人が届け出るときは，本人の住所・氏名を記載し，市区町村に登録済みの印鑑を押印してください。代理人が届け出るときは，代理人の住所・氏名を記載，押印（認印で可）し，委任状に所要事項を記載し，本人が市区町村に登録済みの印鑑を押印してください。

（注４）　この届書には作成後３か月以内の**本人の印鑑証明書**を添付してください。登記申請書に添付した印鑑証明書を援用する場合は，□にレ印をつけてください。

印鑑処理年月日				
印鑑処理番号	受　付	調　査	入　力	校　合

（乙号・８）

Column

各種法人の最近の設立状況

個人ではなく、組織として事業を展開しようと考えている人は、事業の目的、内容、規模などを検討し、本書で取り上げてきたような団体を設立することになるでしょう。

どのような団体を設立するかにあたっては、最近の設立状況なども1つの目安になります。設立数が多いものはそれだけ需要のある組織ということができます。

法務省登記統計「商業・法人登記」によると、おもな団体の近年の設立状況は下表の通りです。2022年の設立件数は、株式会社が92,371件となっており、突出している状況にあるということができます。次に多いのが合同会社で、37,127件となっています。2019年まで毎年6000件以上設立されていた一般社団法人の年間の設立件数については、一時ほどの勢いはありませんが、2022年も5,960件設立されています。一般財団法人は、2018年までは300件以上設立されていましたが、2019年以降は減少傾向にあり、2022年は250件となっています。

■ 法人の設立件数

	2021年度の設立件数	2022年度の設立件数
株式会社	95,222件	92,371件
合同会社	37,072件	37,127件
合資会社	33件	30件
合名会社	16件	20件
一般社団法人	5,852件	5,960件
一般財団法人	274件	250件
有限責任事業組合	368件	354件
NPO法人	50,105件（2023年度10月31日現在）	

※株式会社、合同会社、合資会社、合名会社、一般社団法人、一般財団法人、有限責任事業組合については、法務省登記統計「商業・法人登記(2021、2022年の年次表）」を基に作成。
NPO法人については、内閣府NPO法人ホームページ「認証申請受理数・認証数（所轄庁別）」を基に作成。

第4章

合同会社の
設立手続きと書式

1 どんな手続きをすればよいのか

定款作成・出資金の払込み・登記という手続きを経る必要がある

設立の流れはどうなっているのか

合同会社（日本版LLC）の設立は株式会社ほど大変ではありませんが、個人事業主のように開業届を出したらすぐに完了というわけではありません。それなりに手続きを踏む必要はあります。ただ、株式会社ほど複雑な手続きではないので、事前に必要な時間と手続きの流れを把握しておくと、よりスムーズに設立することができます。ここでは、設立する際の手続きについて、全体的なスケジュールに基づいて説明しておきます。

大まかに説明すると、合同会社として活動する上で決めておかなければならない基本的な事項を決定した後に定款を作成し、出資金や現物出資（現金で出資するのではなく、物品で出資すること）を行った上で登記手続きを行い、税務署などに届出をする、という流れになります。

最初の基本的な事項の決定ですが、これは、設立の趣旨、事業内容、資本金の額、出資者といった基本的な内容を決めるということです。また、会社の名称と事務所の場所なども決めておきます。

基本的な内容について定めた後に定款を作成しますが、この定款の作成は、株式会社の定款作成と比べるとかなり自由度が高く、作業もシンプルなものといえます。定款は、合同会社内におけるルールを明文化したもので、書面で作成する必要があります。定款は、よく会社における憲法のようなものである、といった説明がなされますが、その通りで、合同会社の活動はこの定款に定められた範囲内で行うことになります。株式会社の場合には、定款を作成した後に、公証役場で認証を受けなければなりませんが、合同会社の場合には、作成した定款の認証を受ける必要はありません。したがって、株式会社の設立と比べると早めに定款の作成を終えることができます。

定款を作成後、金融機関に出資金を払い込みます。現物出資を行う場合には、財産の給付を行います。予定していた出資金の払込みや現物出資の給付がすべて完了すると、いよいよ合同会社の本店の所在地を管轄する法務局で設立登記の手続きを行います。

ここまでのスケジュールについて、誰がどのような手順で行うか、といった具体的な役割分担を定めておけば、だいたい数日から２週間ほどで行うことができるでしょう。

なお、設立登記が完了すると、晴れて合同会社としての活動を開始することになりますが、手続き面ではさらに税務署や年金事務所などへの届出を行う必要があります。

手続きは簡単なのか

合同会社を設立する際に必要な作業の中で比較的難しい手続きといえるのは、登記の申請でしょう。定款の作成や出資金の払込みについてはそれほど大変ではありません。

■ 合同会社の設立手続き

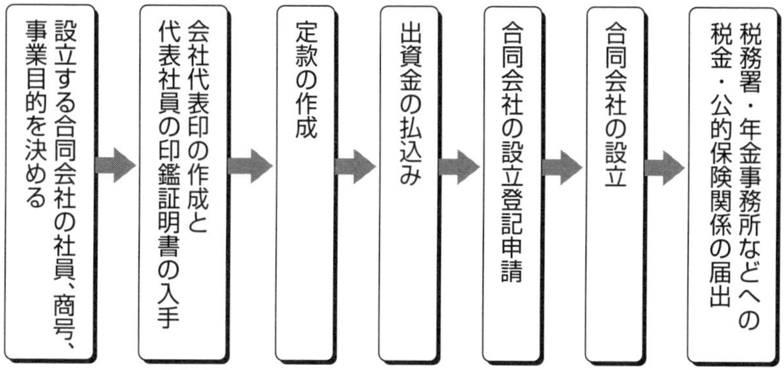

登記は、定められた方式で行わないと、補正を指示される場合があるので注意して下さい。不安がある場合等は、管轄法務局の「登記手続案内」を利用すれば、ある程度のことまでは教えてもらえる可能性がありますので、この制度を利用するという方法もあるでしょう。

１つひとつの作業は難しいものではありませんが、効率よく手続きを進めていくためには、最終的な届出を行うまでに行うべき手続きについて、ゴールから逆算して、その手続きを行うのに必要な書類や印鑑などを準備すればよいでしょう。複数の人で手続きを行う場合には、誰がいつまでにどのような作業を行うのか、決めておくことも重要です。

特に証明書や印鑑などについては、いつ必要となるのかを知っておけば、それまでの準備期間を確保することができます。

費用はどのくらいかかるのか

合同会社を設立する際にかかる費用は、まず、登記を申請する際に納める登録免許税が挙げられます。この費用は合同会社を設立する場合には必ずかかる費用です。資本金額の1000分の７（これによって計算した税額が６万円に満たないときは、６万円）の登録免許税が必要となるので、必ず準備しておく必要があります。

それ以外には、設立登記を済ませた後に登記事項証明書（登記簿謄本）を取得する際には、１通につき600円（窓口請求の場合）の手数料が必要となります。

また、設立時には合同会社の印鑑を作ることになるので、この印鑑の作成料金がかかります。

設立時に司法書士などの専門家に書類作成などを依頼した場合には、その分の報酬が必要となりますが、自分たちで設立手続きを行った場合には、これらの費用をすべてあわせても、７、８万円程度で済ませることができます。これは、専門家に頼まなくても最低20万円程度（電子定款を使用した場合）はかかってしまう株式会社と比べると大きなメリットだといえます。

どんな書類があるのか

準備する書類としては、おもに設立に際して作成する定款、登記の申請の際に提出する登記申請書、代表社員の就任承諾書、代表社員が法人である場合にはその法人の登記事項証明書と職務執行者の選任に関する書面、職務執行者が就任を承諾したことを証する書面、さらに設立後に登録印として使用する印鑑の印鑑届書、別紙または光ディスク（CD-Rなどのことです）、金融機関に出資金を払い込んだことを証明する出資金払込証明書が必要となります。

また、登記手続きが完了した後に税務署や年金事務所に届出をする際には、登記事項証明書を提出します。

■ 合同会社の設立にあたって準備する書類 ……………………………

① 定款
② 合同会社設立登記申請書
③ 代表社員の就任承諾書
④ 法人の登記事項証明書と職務執行者の選任に関する書面（代表社員が法人である場合）、職務執行者が就任を承諾したことを証する書面
⑤ 設立後に登録印として使用する印鑑の印鑑届書
⑥ CD-R などの光ディスク
⑦ 出資金払込証明書
⑧ 設立登記を司法書士などに依頼する場合は委任状
⑨ 印鑑届書
⑩ 代表社員個人または法人の印鑑証明書（印鑑届書に添付する）

2 合同会社設立の際に決めておくべきこと

業務執行に関わらない社員を決めることもできる

出資金を決める

まずは事業の目的を定めます。そして、その目的から適切な出資金（資本金）の額を定めます。

法律上、合同会社の出資金は１円以上とされていますから、出資金の額を集めるのに四苦八苦するといった状況にはならないでしょう。

しかし、事業目的や規模に比べて出資金が少ない状況のままで合同会社を設立すると、設立後に苦労する可能性が高くなります。実際には設立当初から資金繰りに困る事態とならないように、予定している事業の規模に応じた出資金を準備するようにした方がよいでしょう。

具体的な金額を見積もる方法としては、事業を開始した後に、月々に必要となる費用から割り出すとよいでしょう。たとえば、月々に支払う人件費や事務所の賃料、光熱費などを計算して、最低でも３か月分くらいに相当する額を準備します。また、固定費に加えて、設立当初にかかる一時的な支出も見積もっておくようにしましょう。たとえば、事務所を借りる場合の敷金や礼金、あるいは保証金や火災保険料など賃貸にかかる費用、事務所内におく設備や備品にかかる費用、従業員を募集する場合の募集費用、車両購入費用などです。お店などを開く場合には、仕入費用もかかりますし、内装工事の費用もかかることがあります。

また、出資金の額については信用性の問題もあります。合同会社を設立すると、その会社の情報は登記事項証明書を取得することによって知ることができます。登記事項証明書は誰でも取得できるので、当然、取引相手や金融機関が取得する可能性があります。その際、出資金の額が１円ということになると、取引相手や金融機関が取引を見合わせることにもなりかねません。そのため、出資金については一定の額を定めておいた方がよいでしょう。

さらに、会社設立後、事業を行うにあたって許認可が必要になるケースもあります。許認可には資本要件として一定の資本金を要求するものもあります。

出資者を募る

出資金の額を定めた後に、その額を自分１人で準備するか、出資者を募るかを決めます。ただ、もともと１人で合同会社を設立する予定だった場合には、１人で全額を準備できるように、事前に計画を立てて出資金を準備しておきましょう。ただ、「経営に必要な資金が貯まらないから」と会社設立を遅らせていてはビジネスチャンスを逃してしまう可能性もあります。そうならないようにするには、不足額を出してくれる出資者の募集や銀行などからの融資を検討するとよいでしょう。とはいえ、それまでに個人事業主として十分な実績がある場合は別として、あまり実績がない状況でいきなり銀行から融資を受け

■ 事業目的の決定・出資金額の決定・出資者の募集の注意点

事業目的の決定

・会社は目的の範囲内でしか活動できないので目的は明確かつ、具体的に定める
・違法な目的や社会の秩序に著しく反する内容を目的とすることはできない

↓

出資金額の決定

・１円でもよいが、経営開始直後から資金繰りに困らないようにする必要はある
・事務所の賃貸費用、水道光熱費、仕入費用、広告費用、人件費、設備投資費用などを見積もる

↓

出資者の募集

・経営ビジョンが一致する出資者を探す
・出資のみか、経営にも参加するかを決める

るのは難しいのが実情です。したがって、特に１人で会社を設立したいという理由がない場合には、事業目的や理念に共感して一緒に経営に参加してくれるような出資者を募る方法をとった方がよいかもしれません。なお、１人で経営を行いたい場合で誰かに出資金だけ負担してもらいたい場合には、定款に経営に参加しない出資者を置くことを定めておけばよいでしょう。

このように、本来は、出資者は経営に参加するのが原則ですが、定款に定めた場合には経営に参加しない出資者も認められています。ただし、出資していない人が合同会社の経営に参加することは認められません。

合同会社の社員になるための資格

合同会社の社員については、特に人数に関する制限はないので、社員１人でもかまいませんし、多くてもかまいません。実際に、100人を超える社員をかかえる企業も存在します。

社員となることができる資格についてですが、まず、原則として自然人（人間、個人のこと。法人に対する概念）は社員となることができます。未成年者については、法定代理人（親権者など、法律により代理権が与えられている者のこと）の同意がある場合には社員となることができます。

また、社員は個人に限りません。法人が社員となることもできます。

ただし、法人が業務執行社員となる場合には、実際に職務を行う自然人を職務執行者に選任しなければなりません。業務執行社員とは、簡単に言うと、合同会社の経営に参加する社員のことです。

業務執行社員を決めることができる

社員と言うと、会社の従業員のような意味にとらえる人もいるかもしれません。しかし、ここで言う社員は、その会社で働く従業員を意味する一般的な社員という意味ではなく、会社に出資している人のことをいいます。これは合同会社に限らず、株式会社や合資会社、合名会社などにおいても同様です。株式会社の場合は株主が社員に相当します。ただ、株式会社の株主は同族会社の社員は別として、通常株主が経営に参加することはありません。

一方、合同会社の場合、会社に出資した社員は原則として会社の経営に参加します。経営参加を業務執行と言い、合同会社の場合、全社員が業務を執行する権限を持つのが原則となります。ただ、定款や定款の定めによる社員の互選によって、一部の社員だけが業務を執行する権限を持ち、他の社員は業務を執行する権限を持たないようにすることもできます。なお、業務を執行する権限を有する社員のことを業務執行社員といいます。

会社名を決めるときにはどんなことに注意すればよいのか

合同会社の設立にあたって、会社の名称を決める必要があります。その際、いくつかのルールに従って考える必要があります。

■ 合同会社の業務執行

・原　則　　　　　・業務執行社員の選定

・社員全員が業務執行権をもち、多数決で決める
・ただし、軽微な業務については各社員が単独で行うことができる

・業務の執行は業務執行社員が多数決で決める
・ただし、軽微な業務については業務執行社員が単独で行うことができる

その1つとして、会社の名称の中に「合同会社」という言葉を入れなければならない、というものがあります。この言葉は続けて表記しなければなりません。したがって、たとえば「合同○○会社」という具合に分割して表記することはできません。続けて表記していれば、名称の前後のどちらにつけても、つまり「合同会社○○」でも「○○合同会社」でも、問題ありません。ただ、仮に会社名に「LLC」(「合同会社」に対応するアメリカ合衆国の会社形態の略号)という文字を含めたとしても、「合同会社」という名称が入っていない限り、認められないので注意して下さい。

なお、他の法人を設立する場合も同じですが、名称を決める際には、同じ所在地に同じ商号がある場合には、その商号を用いることはできない、という点に注意する必要があります。同じ所在地において同じ商号がある場合、つまり「東京都新宿区○○町○丁目○番○号」に法人の事務所があり、この同じ所在地に同じ商号がある場合には、その商号は用いることができない、ということです。したがって、「東京都新宿区○○町」まで同じ地域に同一商号があったとしても、「○丁目○番○号」が同じでなければ、その商号を用いることはできます。

ただ、それほど近い地域に同じ商号の会社があった場合に、それを気にせずにそのまま同じ商号を使った場合、周囲に誤解を与える可能性が高くなります。そのため、合同会社を設立する際には、同じ名前の商号や似たような名前の会社が近隣にないかどうか、確認してから慎重に決めるようにしましょう。

近隣にそうした名称の法人があるかどうかについては、法務局で調べることができます。法務局に出向く時間がないからといって何も調べずに名称を決めてしまうのは危険です。時間がない場合でも、少なくとも電話帳やインターネットを利用して調べておく程度のことはするようにしましょう。

3 定款を作成する

絶対的記載事項の作成後、必要に応じてその他の事項を定める

合同会社の定款絶対的記載事項は６種類

定款は、合同会社の事業目的や事業活動を行う上で必要となる基本的なルールを定めたものです。合同会社を設立する際には、一定の事項を記載した定款を必ず作成しなければなりません。

定款の記載事項は、86ページで述べた通り、①絶対的記載事項、②相対的記載事項、③任意的記載事項の３つに分類することができ、合同会社の場合、下図のようになっています。６種類の絶対的記載事項については、１つでも記載漏れがあると、定款全体が無効となってしまうため、作成時には気をつけなければなりません。

定款を作成した後に、社員全員の署名押印し、登記することになります。この登記の手続きを経なければ、定款に記載した内容の効力について、第三者に主張することができないので、定款作成後、なるべく早く登記の手続きをするようにしましょう。

■ 合同会社の定款記載事項

絶対的記載事項（６種類）	目的、商号、本店の所在地、社員の氏名・名称と住所、社員が有限責任社員であることを示す記載、社員の出資の目的と出資の価額または評価の標準
相対的記載事項	社員の中で業務を執行する社員を定める場合の定め 代表社員を定める場合の定め 出資の払戻しの方法についての定め 解散事由についての定め 会社の存続期間の定め　など
任意的記載事項	公告の方法についての定め　　事業年度 役員報酬についての定め　など

書式　定款（社員２人の場合）

合同会社カー・シャイン・ボーイ定款

第１章　総則

（商号）

第１条　当会社は、合同会社カー・シャイン・ボーイと称する。

（目的）

第２条　当会社は、次の各号に掲げる事業を営むことを目的とする。

(1)　自動車の洗車サービス

(2)　自動車洗浄剤、カーワックスその他自動車用品の販売

(3)　前各号に附帯する一切の事業

（本店の所在地）

第３条　当会社は、本店を東京都葛飾区に置く。

（公告の方法）

第４条　当会社の公告は、官報に掲載して行う。

第２章　社員及び出資

（社員の氏名、住所、出資及び責任）

第５条　社員の氏名、住所及び出資の価額並びに責任は次の通りである。

東京都葛飾区××○丁目○番○号

有限責任社員　車　洗之助　金１５０万円

東京都江東区××○丁目○番○号

有限責任社員　六車　研磨　金５０万円

（社員の責任）

第６条　当会社の社員は、全員有限責任社員とする。

第３章　業務執行権及び代表権

（業務執行社員）

第７条　車洗之助は、業務執行社員として、当会社の業務を執行し、義務を負う。

（代表社員）

第８条　代表社員は業務執行社員車洗之助とする。

第４章　社員の加入及び退社

（社員の加入）

第９条　新たに社員を加入させる場合、総社員の同意によって定款を変更しなければならない。

（任意退社）

第10条　各社員は、事業年度の終了時に退社をすることができる。ただし、各社員は、２か月前までに会社に退社の予告をしなければならない。

２　前項の規定に関わらず、各社員は、やむを得ない事由があるときは、いつでも退社することができる。

（法定退社）

第11条　各社員は、会社法第６０７条の規定により、退社する。

第5章　計算

（営業年度）

第12条　当会社の営業年度は、毎年４月１日から翌年３月３１日までとする。

2　前項に関わらず、最初の営業年度に限り、設立の日から令和５年３月３１日までとする。

（損益の分配）

第13条　当会社における各社員の損益の分配は、毎事業年度末において総社員の同意により定める。

第6章　雑則

（定款に定めのない事項）

第14条　本定款に定めのない事項は、すべて会社法その他の法令の規定による。

以上、合同会社カー・シャイン・ボーイの設立のため、本定款を作成し社員が次に記名押印する。

令和５年１１月２７日

有限責任社員　車　洗之助　（実印（個人））

有限責任社員　六車　研磨　（実印（個人））

4 出資金を払い込む

各社員の振込額と日付がわかるように個別に振り込む

出資金を払い込む

合同会社を設立する際には１円以上の出資金が必要ですが、132ページで説明したように、事業を始める当初必要となる運転資金分を準備するのが現実的です。合同会社を設立するには登記をする必要がありますが、その登記を申請する際には、出資金を払い込んだことを証明する書類が必要となります。したがって、定款作成後、登記の申請前に出資金を実際に払い込む必要があります。その前提として、払い込む金融機関を決めなければなりません。

ただ、出資金の払込は登記手続きを終える前の段階に行うものですから、会社名義の金融機関の口座を開設することはできません。したがって、実際には、出資金に関する代表者をとりあえず決めておき、その人が個人口座を開設して、社員全員が出資金を振り込むことになります。

その際、全員の出資金をまとめて振り込むのではなく、１人ずつ名義人をわかるようにして振り込むようにします。そうすると、１つひとつの振込みについて、記帳することができますから、誰がいつ、いくら振り込んだのかを証明することができます。こうしておくと、金融機関に出資金を払い込んだことを証明してもらわずに、自分たちで証明書を提出することも可能です。

自分たちで証明書を提出する場合には、全社員が振り込んだ日付と金額が印字されている通帳のコピーを一緒に綴じた証明書を金融機関発行の出資払込金受入証明書の代わりとして、登記申請書に添付します。

銀行に保管証明を出してもらう

出資金を払い込んだことを証明する書面は自分たちでも提出することは可能ですが、金融機関に作成を依頼することもできます。

具体的には、出資払込金受入証明書（登記申請時に添付する出資金を払い込んだことを証明する書類）となる払込金保管証明書を、出資金の受入を依頼した金融機関に手数料を支払って発行してもらいます。

ただ、払込金保管証明書の発行は、依頼すれば必ず応じてくれるわけではないので、注意して下さい。

口座を開設する際に、出資金の振込を受けた後に払込金保管証明書を発行してもらうつもりであることを金融機関側に話しておくようにして、証明書を発行してもらえるかどうかについても事前に確認しておきましょう。金融機関側の意向によっては発行してもらえない場合もありますが、そのような場合や費用を節約したい場合には、自分たちで証明書を提出するようにすればよいでしょう。

■ 合同会社の出資金の払込手続きの流れ

代表者が金融機関に個人口座を開設する
⇒
他の出資者がいる場合には代表者の開設した口座に定款で定めた出資金額を振り込む
⇒
代表者が出資金額全額の払込みが行われたかどうかを確認する
⇒
払込みがあったことを証する書面（出資金払込証明書）を作成する
⇒
振込みの事実が印字されている通帳のコピーを出資金払込証明書に添付する
⇒
登記申請書に添付して本店を管轄する法務局で登記申請を行う

書式　出資金払込証明書

出資金払込証明書

当会社の資本金につき、下記の通り払込金額全額の払込みを受けたことを証明します。

記

払込みを受けた金額の総額　　　　　　金２００万円

令和５年１１月２８日

（本店住所）　東京都葛飾区××○丁目○番○号

（商　号）　合同会社カー・シャイン・ボーイ

（代表社員）　車　洗之助　（法人代表印）

5 登記申請をする

準備する書類が多いので事前に必要な書類を十分に確認しておく

どんなことをすればよいのか

合同会社を設立する際には、本社の所在地を管轄する法務局において、登記の申請を行う必要があります。

実際に登記の申請手続きを行う際には、必要書類をすべてそろえた上で本店の所在地を管轄する法務局に出向くことになりますが、印鑑届書など、法務局でもらうことのできるものについては、事前に法務局に出向いてもらっておくとよいでしょう。書き損じなどに備えて、それぞれの用紙は少し多めにもらっておくようにします。法務局には用紙と一緒に記入例を用意している場合もあります。用紙だけでなく作成の手助けとなりそうなものについても遠慮せずにもらっておくとよいでしょう。

申請手続きの当日には、訂正しなければならない場合などに必要となる可能性があるので、念のために届出印を持参するようにします。

誰が申請できるのか

合同会社の設立登記申請は、設立する合同会社の代表となる者（代表者）が行います。１人で設立する場合には、設立者がそのまま代表者となることが多いため、設立者が申請することになるでしょう。

もっとも、登記の申請は、専門家である司法書士に登記申請を依頼する場合など、第三者に依頼することもできます。この場合には、代表者が司法書士などの代理人に委任状を交付することになります。

申請書のおもな記載事項

登記申請書には登記事項を記載します。登記事項とは、登記しなければならない内容のことです。具体的には、以下の項目について、登記しなければなりません。

・目的
・合同会社の商号
・合同会社の本店の所在場所
・合同会社の支店の所在場所（支店を設置した場合）
・会社の存続期間について定款に定めた場合には定めた内容
・解散事由について定款に定めた場合には定めた内容
・資本金の額
・業務執行社員の氏名（個人の場合）・名称（法人の場合）
・会社を代表する社員の氏名（個人の場合）・名称（法人の場合）、住所
・会社を代表する社員が法人の場合における職務執行者の氏名・住所
・定款で公告方法について定めている場合にはその定めた内容
・定款で定めた公告方法が電子公告（一定期間、ホームページなどで公告すること）である場合に定めるべき事項
・定款で公告方法について定めていない場合において、公告方法を官報に掲載する方法とする旨

添付書類にはどんなものがあるのか

合同会社の登記申請の際に提出する書類は、以下のものです。

・合同会社設立登記申請書
・定款
・出資金払込証明書
・代表社員の印鑑証明書
・代表社員が法人の場合は、①法人の印鑑証明書、②登記事項証明書、③職務執行者の選任に関する書面、④職務執行者の就任を承諾した

ことを証する書面が必要です。

・印鑑届書
・登記事項を記載した光ディスクなど
・本店所在地等の決定書（定款で本店の所在地について最小行政区までしか定めていない場合に必要となります）
・代表社員の選定を証する書面（定款に代表社員を社員の互選によって選任することを定めていた場合に必要となります）と代表社員の就任承諾書
・設立時の資本金の額を決定したことを証明する書面
・資本金の額が会社法及び会社計算規則の規定に従って計上されたことを証明する書面

定款や出資金払込証明書については、すでに説明をした通りです。また、印鑑届書については法務局で事前に入手できます。他に事前に準備しておかなければならないものとして注意が必要なのは、会社の印鑑と、代表社員の印鑑証明書、法人の印鑑証明書と登記事項証明書（法人が代表社員となる場合）です。また、資本金の額についての証明書類についても、事前に作成しておく必要があります。

なお、登記申請の際に届出書類をとじる順序は、①登記申請書、②登録免許税納付用台紙、③各種の添付書類、となります。登記申請書の中の添付書類の欄に記載した順にホチキスをつかって左つづりにして添付書類をとじます。別紙を添付する場合には、ホチキスで止めるのではなく、クリップなどで止めます。

別紙または光ディスクの提出

登記申請書の「登記すべき事項」については、登記事項が少なく、登記申請書に書き切れる場合には、登記申請書に記載しますが、登記事項が多い場合には別紙または光ディスク（CD-R等）にまとめて記載します。

かつては、コンピュータ化されていなかった法務局では、「登記用紙と同一の用紙」を提出していましたが、全国すべての法務局がコンピュータ化された現在では、登記すべき事項は別紙または光ディスクに記載して提出します。分量が多い場合には別紙よりも光ディスクを用いた方がよいでしょう。

印鑑の提出について

登記の申請時には、設立する合同会社の印鑑を提出することになります。具体的には、設立する合同会社の代表権を有する社員が印鑑届書に記名押印し、その印鑑についての印鑑証明書を添えて提出することになります。

なお、設立する合同会社の代表社員が法人である場合には、その法人が選任した職務執行者が、印鑑を提出することになります。

登録免許税について

合同会社の設立登記の際に納める登録免許税は、資本金の額の1000分の7（これによって計算した税額が6万円に満たないときは、6万円）となっています。この登録免許税は、一般的には、現金で納めるのではなく収入印紙を貼付する形式で納めます。

具体的には、法務局に出向いた際に、登録免許税相当額の収入印紙を購入し、申請書類の確認を終えて不備などがないことを確認してから貼付します。

現在、申請直前に窓口で申請書をチェックしてくれる法務局はないと考えた方がよく、申請書や添付書類の内容等について不安がある場合は、登記手続案内を利用して疑問点等を解消し、間違いがないとなった段階で収入印紙を貼付し、申請するとよいでしょう。

書式　設立登記申請書（社員２人の場合）

合同会社設立登記申請書

１．商　号　　　　　合同会社カー・シャイン・ボーイ
１．本　店　　　　　東京都葛飾区××○丁目○番○号
１．登記の事由　　　設立の手続終了
１．登記すべき事項　別紙の通り
１．課税標準金額　　金２００万円
１．登録免許税　　　金６万円
１．添付書類

定款	１通
本店の所在地を決定したことを証する書面	１通
代表社員の就任承諾書	１通
払込みがあったことを証する書面	１通
資本金の額の計上に関する代表社員の証明書	１通

上記の通り登記の申請をします。

令和５年１２月４日

東京都葛飾区××○丁目○番○号
申請人　合同会社カー・シャイン・ボーイ
東京都葛飾区××○丁目○番○号

代表社員　車洗之助　（法人代表印）

東京法務局　城北出張所　御中

書式　登記すべき事項（社員２人の場合）

「商号」合同会社カー・シャイン・ボーイ

「本店」東京都葛飾区××○丁目○番○号

「目的」

１．自動車の洗車サービス

２．自動車洗浄剤、カーワックスその他自動車用品の販売

３．前各号に附帯する一切の事業

「資本金の額」金２００万円

「社員に関する事項」

「資格」業務執行社員

「氏名」車洗之助

「社員に関する事項」

「資格」業務執行社員

「氏名」六車研磨

「社員に関する事項」

「資格」代表社員

「住所」東京都葛飾区××○丁目○番○号

「氏名」車洗之助

「登記記録に関する事項」設立

書式　代表社員の印鑑届書

印鑑（改印）届書

※ 太枠の中に書いてください。

（注１）（届出印は鮮明に押印してください。）

法人
代表印

商号・名称		合同会社 カー・シャイン・ボーイ
本店・主たる事務所		東京都葛飾区××○丁目○番○号
印鑑提出者	資　格	代表取締役・取締役・代表理事 理事・（ 代表社員 ）
	氏　名	車 洗之助
	生年月日	明・大・㊐・平・西暦 32 年 8 月 9 日生
会社法人等番号		

（注２）
□ 印鑑カードは引き継がない。
□ 印鑑カードを引き継ぐ。
印鑑カード番号
前　任　者

届出人（注３）　☑ 印鑑提出者本人　□ 代理人

住　所	東京都葛飾区××○丁目○番○号
フリガナ	クルマ　セン　ノ　スケ
氏　名	車 洗之助

（注３）の印

実印
（個人）

委　任　状

私は，（住所）

（氏名）

を代理人と定め，印鑑（改印）の届出の権限を委任します。

平成　　年　　月　　日

住　所

氏　名　　　　　印　〔市区町村に登録した印鑑〕

☑ **市区町村長作成の印鑑証明書は，登記申請書に添付のものを援用する。（注４）**

（注１）　印鑑の大きさは，辺の長さが１㎝を超え，３㎝以内の正方形の中に収まるものでなければなりません。

（注２）　印鑑カードを前任者から引き継ぐことができます。該当する□にレ印をつけ，カードを引き継いだ場合には，その印鑑カードの番号・前任者の氏名を記載してください。

（注３）　本人が届け出るときは，本人の住所・氏名を記載し，市区町村に登録済みの印鑑を押印してください。代理人が届け出るときは，代理人の住所・氏名を記載，押印（認印で可）し，委任状に所要事項を記載し，本人が市区町村に登録済みの印鑑を押印してください。

（注４）　この届書には作成後３か月以内の**本人の印鑑証明書**を添付してください。登記申請書に添付した印鑑証明書を援用する場合は，□にレ印をつけてください。

印鑑処理年月日				
印鑑処理番号	受　付	調　査	入　力	校　合

（乙号・８）

第5章

一般社団法人の設立手続きと書式

1 一般社団法人の設立手続きの流れをつかもう

定款を作成して理事の選任・調査を経て登記を済ませれば設立完了となる

どんな手続きになっているのか

一般社団法人を設立するには、最低でも２人以上の設立者が必要になります。２人以上の者が集まって一般社団法人を設立することを決めた後に、どのような組織にするか、またどのような活動を行うのかを話し合って決めます。次に、定款を作成します。作成した定款については、公証人による認証を受けなければなりません。認証を受けた後は、理事を選任します（定款で理事を定めなかったとき）。選任された理事による調査を経て、一般社団法人の設立登記の手続きを行います。一般社団法人を設立する手続きは、NPO法人などのように、所轄庁への届出などをする必要はありません。登記の手続きを済ませれば、設立に関する手続きはすべて完了したことになります。

定款を作成し認証を受ける

一般社団法人の定款には、次に挙げる事項を定めます。

目的、一般社団法人の名称、主たる事務所の所在地、設立時社員の氏名、名称、住所、社員の資格の得喪に関する事項、公告方法、事業年度

一般社団法人の定款は株式会社などの会社と比べると比較的自由に定めることができるため、上記の事項以外にも必要に応じてルールを記載することができます。しかし、剰余金が生じた場合や法人の残余財産について、社員に分配することはできません。仮に分配を認める

記述をした場合には、無効となりますから、注意して下さい。

定款を作成後、公証役場に出向いて公証人による認証を受けます。

理事等の選任、調査

一般社団法人を設立する場合、設立時理事を選任しなければなりません。設立時理事は定款に記載しておくこともできますが、仮に定款に記載しなかったとしても、認証を受けた後、すぐに選任をすれば問題ありません。認証後に選任する場合には、設立時社員の議決権の過半数によって選任する必要があります。一般社団法人には理事の他に監事や会計監査人を設置することも可能です。監事や会計監査人を設置することを定款で定めた場合には、理事と同じように速やかに選任する必要があります。選任された設立時理事等（監事も含みます）は、その一般社団法人の設立が法令や定款を守っているかどうかを調査し、違反がある場合にはそれを設立時社員に通知します。問題がないことを確認し、次に設立登記の手続きを行います。

登記をする

設立の登記を行う前に、必要書類や印鑑などを準備しておくようにします。特に印鑑は、１辺１～３㎝の正方形に収まるサイズで作る必要があるので、注意して下さい（66ページ参照）。設立登記を行う際には、事前に必要な書類を準備した上で、所轄の法務局に出向くことになります。原則として、代表者自身が出向いて行うことになりますが、委任状を準備して代理人（司法書士または弁護士）に手続きをしてもらうこともできます。

申請書類などを提出しても登記手続きがその場で完了するわけではなく、数日から場合によっては２週間後に完了することになります。このように、登記の申請日と完了日は異なりますが、一般社団法人の成立日は提出日となっています。

2 役員の選任と業務について知っておこう

株式会社の場合と似た規制が置かれている

役員や会計監査人の選任・解任、任期

役員の選任と解任は、社員総会の決議によってなされます。役員を選任する際には、万が一役員が欠けてしまった場合に備えて、補欠を選任しておくことができます。役員や会計監査人は、社員総会の決議があった場合には、解任されます。会計監査人については、社員総会での決議の他に、監事が解任することも可能です。

通常、理事の任期は２年とされていますが、定款または社員総会でこの期間を２年より短い期間に変更することは可能です。また、理事を再任することも可能です。任期を２年より長い期間に変更することはできません。

一方、監事の任期は、通常４年とされていますが、理事と同じ２年に短縮することもできます。会計監査人の任期は、通常１年とされていますが、理事や監事とは異なって、原則として、任期満了時に開催される社員総会で自動的に再任されることになっています。

社員総会とは

社員総会は、株式会社における株主総会のようなもので、その法人の組織や運営、管理などその法人に関するすべての事項について決議することができます。ただ、実際には、理事会を設置している一般社団法人が多く、この場合には、社員総会が有する権限の一部については理事会が有することになります。理事会設置型の一般社団法人で社員総会による決議が必要とされている事項には、①役員、会計監査人（設置している場合）の選任と解任に関する事項、②計算書類の承認、

③定款変更などの特別決議を必要とする事項があります。

社員総会を招集する権限は、原則として理事が有します。理事会を設置している場合には、理事会での決議を経て招集することになります。

また、総社員の議決権の原則として10分の１以上の議決権を持つ社員は、社員総会の招集を請求することができます。

理事とは

理事とは、その一般社団法人の業務執行を行う役員のことで、対外的にはその一般社団法人を代表する権限を有します。

理事は、株式会社の取締役と同様に、忠実義務と競業避止義務を負います。また、利益相反取引についても株式会社と同様の、「社員総会（理事会を設置している場合には理事会）の承認を得なければならない」という趣旨の規定が置かれています。

理事会とは

理事会は、一般社団法人で選任されるすべての理事で構成される機関です。必ず設置しなければならないわけではありませんが、設置し

■ 一般社団法人の機関

	名称	役割・注意点
必ず設置する機関	社員総会	一般社団法人の意思決定機関
	理事	一般社団法人の業務執行機関。 最低でも１人、理事会を置く場合は３人以上必要
定款で設置できる機関	理事会	理事全員で組織する合議機関。 理事会を設置するときは代表理事を定める必要がある
	監事	理事会または会計監査人を設置する場合には監事を定めなければならない
	会計監査人	計算書類と附属明細書の監査を行う 公認会計士または監査法人でなければならない

た場合の決議は、原則として決議に加わることができる理事のうち過半数の理事が出席した会で、過半数の賛成によって行います。

なお、理事会を設置している一般社団法人では、次の場合には、理事会で決定しなければなりません。

・重要な財産を処分したり譲り受ける場合
・多額の借財をする場合
・重要な従業員（使用人といいます）を選任する場合
・重要な使用人を解任する場合
・従たる事務所やその他の重要な組織を設置・変更・廃止する場合
・理事の職務遂行が法令や定款に適合する状態を確保するための体制整備を行う場合
・役員が法人に対して損害賠償責任を負うことを免除する場合
・その他の重要な業務執行を決定する場合

また、理事会は、業務執行を決定する権限、理事の職務遂行を監督する権限、そして、代表理事を選定・解職する権限を有しています。

監事の義務と権限

監事は、理事の職務の遂行を監査し、その結果をまとめた書類を監査報告として作成しなければなりません。

理事が不正を行っている場合や不正行為をするおそれがあることがわかった場合には、そのことを遅滞なく他の理事に報告しなければなりません。法令や定款の定めに違反する事実を見つけたり著しく不当な事実があることを知った場合も同様です。理事会を設置している一般社団法人の場合には、理事ではなく理事会に報告する必要があります。

また、理事に対して理事会の招集を請求することもできます。理事会の招集を請求した日から５日以内に、（２週間以内の日を理事会の開催日とした）招集通知がなされない場合には、請求をした監事が招集をかけることもできます。

3 一般社団法人設立に必要な書類を作成する

絶対的記載事項と相対的記載事項について把握する

定款の作成

一般社団法人の事業目的や事業活動を行う上で必要となる根本的な規則を定款に規定します。

一般社団法人を設立する際には、一定の事項を記載した定款を必ず作成しなければならないことになっています。定款に記載する内容は、絶対的記載事項、相対的記載事項、任意的記載事項に分類できます。

どんなことに気をつけて作成するとよいのか

一般社団法人の定款における絶対的記載事項は、158ページに列挙した内容です。相対的記載事項の例は、以下の事項です。

・理事会・監事・会計監査人等の機関を設置する場合にその旨の記載
・監事を設置する場合で理事等の損害賠償責任を理事等が一部免除する場合におけるその旨の記載
・基金を引き受ける者の募集を行う場合におけるその旨の記載とそれに関する定め

どんな書類が必要になるのか

一般社団法人を設立する際には、登記申請書など、一定の書類が必要となります。具体的には、たとえば以下の書類や印鑑などが必要となります。

・定款
・委任状（手続きを代理人が行う場合）
・設立登記申請書

・設立時代表理事・理事・監事の就任承諾書
・設立時代表理事の印鑑証明書
・平理事及び監事の本人確認証明書
・設立時代表理事選定書
・決議書
・登記事項を記載する用紙（別紙）
・印鑑届出書

なお、決議書については、定款で設立時役員、主たる事務所の所在場所を定めている場合には添付は不要です。本書の設定では、理事会設置型、非設置型とも設立時役員について定款で定めていますので、設立時役員の選任についての決議書は添付する必要はありません。

一方、主たる事務所については、本書に掲載している定款では「港区」(161ページ) としか規定しておらず、具体的な番地まで定めていませんので、具体的な所在場所について定めた決議書を添付することが必要です。

印鑑届出書は、法人の印鑑（実印）を届け出るための書類です。登記事項は、別紙または光ディスクに記載することになります。

■ 一般社団法人の定款を作成する上での注意点 ……………………

絶対的記載事項（7つ）	「目的」「名称」「主たる事務所の所在地」「設立時社員の氏名又は名称及び住所」「社員の資格の得喪に関する規定」「公告方法」「事業年度」
相対的記載事項（定款の定めがなければ効力を生じない事項）	・社員総会以外の機関（理事会、監事、会計監査人）設置の定め ・任意退社に関する別段の定め ・社員総会の招集の通知期間に関する１週間を下回る期間の定め ・理事の任期を短縮する場合の定め ・基金を引き受けるものの募集に関する定め　など
定款に規定しても無効な事項	・社員に剰余金または残余財産の分配を受ける権利を与える定め

印鑑届書と登記事項を記載する用紙は、申請を行う法務局内に置いてあるので、事前に多めにもらっておくとよいでしょう。

なお、理事会を設置するかどうかで、必要となる書類は変わりますので、事前に法務局の「登記手続案内」を利用して、必要書類を確認しておくとよいでしょう。本書では、「一般社団法人森林動物保全協会」を設立する例で書式を見ていきましょう。

ポイント解説

基金について

基金とは、社員以外の第三者から一般社団法人に対して拠出してもらう金銭などの財産のことです。

基金制度は、剰余金を分配できない一般社団法人の活動の原資となる資金を調達するために利用できる制度です。一般社団法人の社員は、会社における出資金のように、財産を拠出することを求められていません。しかし、こうした資金がないまま事業を続けるのは難しい場合も多いため、資金を集める手段として基金制度の利用が認められたのです。制度を利用するかどうかの判断は個々の一般社団法人の判断に委ねられています。

・募集

基金を募る際には、そのつど、募集する財産の総額などを記載した募集事項を定めなければなりません。募集事項は、基金の引受けを申し込んでくれた人に対して通知する必要があります。

基金を拠出してくれる人のことを引受人と言います。引受人が拠出する財産は金銭以外の財産を拠出してもよいことになっています。したがって、引受人は、指定された期日までに拠出する金額を振り込むか、現物出資（現金で出資するのではなく物品で出資すること）の場合にはその財産を提出します。

・基金の返還

一般社団法人は、一定の条件を満たした場合、拠出者に対して、拠出してもらった財産を返還する義務を負います。財産が金銭ではなかった場合には、その財産が拠出された時の価額に相当する金銭を返還することになります。

書式　定款認証の際の委任状

委　任　状

（住所）東京都小金井市××○丁目○番○号

（氏名）佐藤　一郎

私は、上記の者を代理人と定め、下記の事項に関する権限を委任いたします。

記

一般社団法人森林動物保全協会の定款認証嘱託に関する一切の件

令和５年４月１０日

一般社団法人　森林動物保全協会

東京都練馬区××○丁目○番○号

設立時社員　馬田一美　（実印（個人））

東京都三鷹市××○丁目○番○号

設立時社員　猫川慎二　（実印（個人））

書式　定款（理事会設置型）

一般社団法人森林動物保全協会定款

第1章　総　則

（名称）

第1条　当法人は、一般社団法人森林動物保全協会と称する。

（主たる事務所）

第2条　当法人は、主たる事務所を東京都港区に置く。

（目的）

第3条　この法人は、森林とその周辺の草原、湿原、湖沼、河川などの環境を守り、そこに生息する、野生の脊椎動物をはじめとする昆虫、土壌動物などの動物を環境異変から保護し、日本の生態系の保全に寄与することを目的とする。

（事業）

第4条　この法人は、前条の目的を達成するために、次の事業を行う。

(1)　環境変化に伴う森林生態系への影響に関する情報収集、調査及び研究

(2)　森林生態系の保全技術の研究及び開発

(3)　森林生態系に関する講習会、セミナー、シンポジウム等の開催

(4)　森林生態系に関する機関誌、出版物の刊行

(5)　前各号に附帯又は関連する事業

（公告）

第5条　当法人の公告は、官報に掲載する方法による。

第2章　社　員

（入社）

第6条　当法人の目的に賛同し、入社した者を社員とする。

2　社員となるには、当法人所定の様式による申込みをし、会長の承認を得るものとする。

（経費等の負担）

第7条　社員は、当法人の目的を達成するため、それに必要な経費を支払う義務を負う。

2　社員は、社員総会において別に定める入会金及び会費を納入しなければならない。

（社員の資格喪失）

第8条　社員が次の各号の一に該当する場合には、その資格を喪失する。

⑴　退社したとき

⑵　成年被後見人又は被保佐人になったとき

⑶　死亡し、若しくは失踪宣告を受け、又は解散したとき

⑷　１年以上会費を滞納したとき

⑸　除名されたとき

⑹　総社員の同意があったとき

（退社）

第9条　社員はいつでも退社することができる。ただし、１か月以上前に当法人に対して予告をするものとする。

（除名）

第10条　当法人の社員が、次のいずれかの事由に該当するにいたった

ときには、一般社団法人及び一般財団法人に関する法律（以下「一般法人法」という）第４９条第２項に定める社員総会の特別決議によりその社員を除名することができる。

⑴　当法人の名誉を毀損したとき

⑵　当法人の目的に反する行為をしたとき

⑶　社員としての義務に違反したとき

(社員名簿)

第11条　当法人は、社員の氏名又は名称及び住所を記載した社員名簿を作成する。

第３章　社員総会

(社員総会)

第12条　当法人の社員総会は、定時社員総会及び臨時社員総会とし、定時社員総会は、毎事業年度の終了後３か月以内に開催し、臨時社員総会は、必要に応じて開催する。

(開催地)

第13条　社員総会は、主たる事務所の所在地において開催する。

(招集)

第14条　社員総会の招集は、理事会がこれを決定し、会長が招集する。

2　社員総会の招集通知は、会日より１週間前までに各社員に対して発する。

(決議の方法)

第15条　社員総会の決議は、法令に別段の定めがある場合を除き、総社員の議決権の過半数を有する社員が出席し、出席社員の議決権の過半数をもってこれを行う。

(議決権)

第16条　各社員は、各１個の議決権を有する。

(議長)

第17条　社員総会の議長は、会長がこれに当たる。会長に事故があるときは、当該社員総会において議長を選出する。

(議事録)

第18条　社員総会の議事については、法令の定めるところにより議事録を作成し、社員総会の日から１０年間主たる事務所に備え置く。

第4章　役員等

(役員の設置等)

第19条　当法人に、次の役員を置く。

理事　３名以上１０名以内

監事　１人以上３人以下

2　理事のうち、１名を代表理事とする。

3　代表理事を会長とし、理事のうち、１人を副会長、１人を専務理事、２人以内を常務理事とすることができる。

(選任等)

第20条　理事及び監事は、社員総会の決議によって選任する。

2　会長、副会長、専務理事及び常務理事は、理事会の決議によって理事の中から定める。

（理事の職務権限）

第21条　会長は、当法人を代表し、その業務を執行する。

2　副会長は会長を補佐し、専務理事は当法人の業務を執行する。

3　常務理事は、当法人の業務を分担執行する。

4　会長、専務理事及び常務理事は、毎事業年度ごとに４か月を超える間隔で２回以上、自己の職務の執行の状況を理事会に報告しなければならない。

（監事の職務権限）

第22条　監事は、理事の職務の執行を監査し、法令で定めるところにより監査報告を作成する。

2　監事は、いつでも、理事及び使用人に対して事業の報告を求め、当法人の業務及び財産の状況の調査をすることができる。

（任期）

第23条　理事の任期は、選任後２年以内に終了する事業年度のうち最終のものに関する定時社員総会の終結の時までとし、再任を妨げない。

2　監事の任期は、選任後４年以内に終了する事業年度のうち最終のものに関する定時社員総会の終結の時までとし、再任を妨げない。

3　補欠として選任された理事又は監事の任期は、前任者の任期の満了する時までとする。

4　役員は、辞任又は任期の満了後において、定員を欠くに至った場合には、新たに選任された者が就任するまでは、その職務を行う権利義務を有する。

（解任）

第24条　役員は、社員総会の決議によって解任することができる。ただし、監事を解任する場合は、総社員の半数以上であって、総社員の議決権の３分の２以上に当たる多数をもって行わなければならない。

（報酬等）

第25条　役員の報酬、賞与その他の職務執行の対価として当法人から受ける財産上の利益（以下「報酬等」という）は、社員総会の決議をもって定める。

（取引の制限）

第26条　理事が次に掲げる取引をしようとする場合は、理事会において、その取引について重要な事実を開示し、理事会の承認を得なければならない。

⑴　自己又は第三者のためにする当法人の事業の部類に属する取引

⑵　自己又は第三者のためにする当法人との取引

⑶　当法人がその理事の債務を保証することその他理事以外の者との間における当法人とその理事との利益が相反する取引

第５章　理事会

（構成）

第27条　当法人に理事会を置く。

２　理事会は、すべての理事をもって構成する。

（権限）

第28条　理事会は、次の職務を行う。

⑴　当法人の業務執行の決定

⑵　理事の職務の執行の監督

⑶　会長、副会長、専務理事及び常務理事の選定及び解職

（招集）

第29条　理事会は、会長が招集する。

2　会長が欠けたとき又は会長に事故があるときは、各理事が理事会を招集する。

（決議）

第30条　理事会の決議は、決議について特別の利害関係を有する理事を除く理事の過半数が出席し、その過半数をもって行う。

2　前項の規定に関わらず、一般法人法第９６条の要件を満たしたときは、理事会の決議があったものとみなす。

（議事録）

第31条　理事会の議事については、法令で定めるところにより議事録を作成する。

2　出席した理事及び監事は、前項の議事録に署名又は記名押印する。

（理事会規則）

第32条　理事会に関する事項は、法令又はこの定款に定めるものの他、理事会において定める理事会規則による。

第6章　計　算

（事業年度）

第33条　当法人の事業年度は、毎年４月１日から翌年の３月３１日までの年１期とする。

（事業計画及び収支予算）

第34条　当法人の事業計画及び収支予算については、毎事業年度開始日の前日までに会長が作成し、理事会の決議を経て社員総会の承認を受けなければならない。これを変更する場合も同様とする。

2　前項の規定に関わらず、やむを得ない理由により予算が成立しないときは、会長は、社員総会の決議に基づき、予算成立の日まで前年度の予算に準じ収入を得又は支出することができる。

3　前項の収入支出は、新たに成立した予算の収入支出とみなす。

(事業報告及び決算)

第35条　この法人の事業報告及び決算については、毎事業年度終了後、代表理事が次の書類を作成し、監事の監査を受けた上で、理事会の承認を経て、定時社員総会に提出し、第１号の書類についてはその内容を報告し、第２号及び第３号の書類については承認を受けなければならない。

⑴　事業報告

⑵　貸借対照表

⑶　損益計算書（正味財産増減計算書）

2　前項の規定により報告され、又は承認を受けた書類の他、監査報告を主たる事務所に５年間、備え置くと共に、定款及び社員名簿を主たる事務所に備え置くものとする。

第７章　附　則

(最初の事業年度)

第36条　当法人の最初の事業年度は、当法人成立の日から令和６年３月３１日までとする。

(設立時の役員)

第37条　当法人の設立時の役員は、次の通りである。

設立時理事　馬田一美

設立時理事　犬岡三太

設立時理事　猿渡四郎

設立時代表理事　馬田一美

設立時監事　牛島五子

(設立時社員の氏名及び住所)

第38条　設立時社員の氏名及び住所は、次の通りである。

東京都練馬区××〇丁目〇番〇号　馬田一美

東京都三鷹市××〇丁目〇番〇号　猫川慎二

(法令の準拠)

第39条　本定款に定めのない事項は、すべて一般法人法その他の法令に従う。

以上、一般社団法人森林動物保全協会設立のため、この定款を作成し、設立時社員が以下に記名押印する。

令和５年４月２４日

設立時社員　馬田一美　実印(個人)

設立時社員　猫川慎二　実印(個人)

書式　設立時代表理事・理事・監事の就任承諾書

就任承諾書

私は令和５年５月２９日、貴法人の設立時理事に選任され、同日、設立時代表理事に選定されましたので、その就任を承諾いたします。

令和５年５月２９日

東京都練馬区 ××○丁目○番○号

馬田一美　実印（個人）

一般社団法人森林動物保全協会　御中

就任承諾書

私は令和５年５月２９日、貴法人の設立時理事に選任されましたので、その就任を承諾いたします。

令和５年５月２９日

東京都千代田区 ××○丁目○番○号

犬岡三太　㊞

一般社団法人森林動物保全協会　御中

就任承諾書

私は令和５年５月２９日、貴法人の設立時監事に選任されましたので、その就任を承諾いたします。

令和５年５月２９日

東京都福生市 ×× 町○丁目○番○号

牛島五子　㊞

一般社団法人森林動物保全協会　御中

書式　主たる事務所の所在場所に関する決議書（理事会設置型・非設置型）

主たる事務所の所在場所の決定に関する決議書

令和５年５月２９日、一般社団法人森林動物保全協会創立事務所において、設立時社員の全員が出席し、その全員の一致をもって、主たる事務所の所在場所について次の通り決定した。

主たる事務所　東京都港区××○丁目○番○号

上記の決定事項を証するため、設立時社員の全員は、次の通り記名押印する。

令和５年５月２９日

一般社団法人　森林動物保全協会

設立時社員　馬田一美　㊞

設立時社員　猫川慎二　㊞

書式　設立時理事及び設立時監事の決定に関する決議書

設立時理事及び設立時監事の決定に関する決議書

令和５年５月２９日、一般社団法人森林保全協会創立事務所において、設立時社員の全員が出席し、その全員の一致をもって、設立時理事及び設立時監事を次の通り選任した。

設立時理事　馬田一美
設立時理事　犬岡三太
設立時理事　猿渡四郎
設立時監事　牛島五子

上記の決定事項を証するため、設立時社員の全員は、次の通り記名押印する。

令和５年５月２９日

一般社団法人　森林動物保全協会

設立時社員　**馬田一美**　㊞

設立時社員　**猫川慎二**　㊞

※本書の設定では、定款で設立時理事及び設立時監事を定めていますので、この書類を提出する必要はありませんが、定款で設立時の役員を定めなかった場合には本書式のような決議書を提出することになります。

4 登記申請をする

軽微な補正ができるように届出印を持参する

登記申請の日が設立日

一般社団法人の設立については、登記を申請した日が設立日となります。ただ、前述したように、登記の手続き自体は、申請日に完了するわけではなく、法務局の混雑の程度にも左右されます。早ければ数日で完了しますが、遅いと２週間ほどかかってしまう場合もあります。

書類に不備があるとそれだけ完了までの日時もかかると心得て、事前によく調べてから書類を作成するとよいでしょう。

登記申請の際に注意すること

登記の申請は原則として法務局の窓口に代表者が出向いて行います。

代表者本人が窓口に直接出向いて手続きを行うのであれば、委任状なども不要ですし、添付書類などに不備などがあっても軽微な内容の場合には、その場で解決することも可能だからです。代表者自身が出向くことができない場合には、代理人（司法書士または弁護士）に法務局まで出向いてもらって、申請手続きを行ってもらう方がよいでしょう。その場合には委任状を交付することを忘れないようにして下さい。

登記の申請にあたっては、登録免許税を納付しなければなりません。

登録免許税は、６万円となっています。この６万円は現金で納めるのではなく収入印紙を貼付して納めます。収入印紙は法務局で売っていますから、法務局に出向いた際に、登録免許税６万円分の収入印紙を購入し、申請書類の確認を終えて不備などがないことを確認してから貼付するとよいでしょう。

登記手続きの流れ

実際の登記を行う際には、必要書類一式を持参して、主たる事務所の住所地を管轄する法務局に出向きます。法務局内では6万円分の収入印紙を購入しておきます。通常、法務局では窓口で事前に申請書を見てもらって間違い等を指摘してもらうということは行っていないので、心配であれば事前に登記手続案内を利用するとよいでしょう。また窓口に提出する直前に誤りに気づいたりする場合もありますので、その場で修正できるように、届出印などを持参しておくようにします。

確認を終えると、窓口で登記申請書類一式を提出します。後日、登記手続きが完了した旨の知らせを受けた後に、再び法務局に出向いて、登記事項証明書の交付を申請します。なお、その際に軽微な補正を指示されることもありますから、訂正できるように届出印も持参するとよいでしょう。

■ 一般社団法人（理事会・監事設置型）の設立登記を行う場合の必要書類

□ 登記申請書	
□ 登記すべき事項を記載したCD-Rなど	
□ 定款	1通
□ 設立時社員の決議書（以下の場合に提出） ・設立時社員が設立時理事または設立時監事を選任した場合 ・設立時社員が設立時の主たる事務所または従たる事務所の所在場所等を定めた場合	1通
□ 設立時代表理事の選定に関する書面	1通
□ 設立時理事、設立時監事及び設立時代表理事の就任承諾書	人数分の通数※1
□ 設立時代表理事の印鑑証明書	人数分の通数
□ 委任状（手続きを代理人が行う場合）	1通
□ 印鑑届書	1通※2

※1　設立時理事等が選任された会議の席上で就任を承諾した場合、「就任承諾書は、設立時社員の決議書（又は設立時代表理事の選定に関する書面）の記載を援用する」と記載する

※2　印鑑届書は設立登記申請書の添付書類ではないが、通常、設立登記申請と同時に代表印についての印鑑届書を提出する

書式　一般社団法人 設立登記申請書（理事会設置型）

一般社団法人設立登記申請書

1．名　称　　　　　一般社団法人森林動物保全協会

1．主たる事務所　　東京都港区××○丁目○番○号

1．登記の事由　　　令和５年５月２９日設立の手続終了

1．登記すべき事項　別添 CD-R の通り

1．登録免許税　　　金６万円

1．添付書類

　定　款　　1通

　設立時理事、設立時監事及び

　設立時代表理事の就任承諾書　　4通

　設立時代表理事の印鑑証明書　　1通

　主たる事務所所在場所の決定に

　関する決議書　　1通

上記の通り登記の申請をします。

令和５年６月５日

東京都港区××○丁目○番○号

申請人　　一般社団法人森林動物保全協会

東京都練馬区××○丁目○番○号

代表理事　　馬田一美　（法人代表印）

連絡先の電話番号　　０３－○○○○－○○○○

東京法務局　　港出張所　御中

書式　登記すべき事項（理事会設置型）

「名称」一般社団法人森林動物保全協会
「主たる事務所」東京都港区××○丁目○番○号
「法人の公告方法」官報に掲載する方法により行う。
「目的等」この法人は、森林とその周辺の草原、湿原、湖沼、河川などの環境を守り、そこに生息する、野生の脊椎動物をはじめとする昆虫、土壌動物などの動物を環境異変から保護し、日本の生態系の保全に寄与することを目的とする。その目的を達成するため、次の事業を行う。
（1）環境変化に伴う森林生態系への影響に関する情報収集、調査及び研究
（2）森林生態系の保全技術の研究及び開発
（3）森林生態系に関する講習会、セミナー、シンポジウム等の開催
（4）森林生態系に関する機関誌、出版物の刊行
（5）前各号に附帯又は関連する事業
「役員に関する事項」
「資格」理事
「氏名」馬田一美
「役員に関する事項」
「資格」理事
「氏名」犬岡三太
「役員に関する事項」
「資格」理事
「氏名」猿渡四郎
「役員に関する事項」
「資格」代表理事
「住所」東京都練馬区××○丁目○番○号

「氏名」馬田一美

「役員に関する事項」

「資格」監事

「氏名」牛島五子

「理事会設置法人に関する事項」

理事会設置法人

「監事設置法人に関する事項」

監事設置法人

「登記記録に関する事項」

設立

書式　代表理事の印鑑届書

印鑑（改印）届書

※ 太枠の中に書いてください。

（注１）（届出印は鮮明に押印してください。）

法人代表印

商号・名称		一般社団法人 森林動物保全協
本店・主たる事務所		東京都港区××○丁目○番○
印鑑提出者	資　格	代表取締役・取締役・（代表理事） 理事・（　　　　　）
	氏　名	馬田 一美
	生年月日	明・大・（昭）・平・西暦 32 年 5 月 10 日生
会社法人等番号		

（注２）
☐ 印鑑カードは引き継がない。
☐ 印鑑カードを引き継ぐ。
印鑑カード番号
前任者

届出人（注３）　☑ 印鑑提出者本人　☐ 代理人

住　所	東京都練馬区××○丁目○番○号
フリガナ	ウマダ　カズミ
氏　名	馬田 一美

（注３）の印

実印（個人）

委　任　状

私は,（住所）

（氏名）

を代理人と定め，印鑑（改印）の届出の権限を委任します。

平成　　年　　月　　日

住　所

氏　名　　　　印　〔市区町村に登録した印鑑〕

☐ **市区町村長作成の印鑑証明書は，登記申請書に添付のものを援用する。（注４）**

（注１）　印鑑の大きさは，辺の長さが１cmを超え，３cm以内の正方形の中に収まるものでなければなりません。

（注２）　印鑑カードを前任者から引き継ぐことができます。該当する□にレ印をつけ，カードを引き継いだ場合には，その印鑑カードの番号・前任者の氏名を記載してください。

（注３）　本人が届け出るときは，本人の住所・氏名を記載し，市区町村に登録済みの印鑑を押印してください。代理人が届け出るときは，代理人の住所・氏名を記載，押印（認印で可）し，委任状に所要事項を記載し，本人が市区町村に登録済みの印鑑を押印してください。

（注４）　この届書には作成後３か月以内の**本人の印鑑証明書**を添付してください。登記申請書に添付した印鑑証明書を援用する場合は，□にレ印をつけてください。

印鑑処理年月日				
印鑑処理番号	受　付	調　査	入　力	校　合

（乙号・８）

第6章

法人設立後の運営と手続き

1 法人設立時に必要な税金関係の届出について知っておこう

税務署や都道府県市区町村への届出が必要である

株式会社を設立した場合に必要な手続き

株式会社を設立した場合を例にとって、話を進めます。手続き上必要となる書類や届出には次のようなものがあります。

・税務署に提出する書類

株式会社を新たに設立したときは、納税地（会社が存在するところ）の所轄税務署長に所定の届出を提出する必要があります。まず、納税地、事業の目的、設立の日などを記載した「法人設立届出書」を提出します。提出期限は会社設立の日以後２か月以内です。

法人設立届出書には定款等の写しを添付する必要があります。また、会社設立と同時に労働者を雇うことになるでしょうから、その場合には、事務所を開設した日から１か月以内に、「給与支払事務所等の開設届出書」を提出します。給与を支払うべき労働者の人数が常時10人未満であるときは、「源泉所得税の納期の特例の承認に関する申請書」を提出することで源泉所得税を年２回（７月と１月）にまとめて納付することができます。

さらに、青色申告により納税する場合には、青色申告の承認申請書を、会社設立の日以後３か月を経過した日と設立第１期の事業年度終了の日のうちいずれか早い日の前日までに提出する必要があります。

届出書は国税庁のホームページからダウンロードするか、税務署で入手して書面で提出する他、e-Taxでインターネットを利用しての提出もできます。ただし、e-Taxを利用するにあたりあらかじめ利用者識別番号の取得が必要です。

届出書の提出期限はまちまちですが、すべての書類をそろえて会社設立後1か月以内に提出するようにしましょう。

その他必要に応じて提出するものとして、棚卸資産の評価方法を選定する場合に提出する「棚卸資産の評価方法の届出書」、減価償却資産の償却方法を選定する場合に提出する「減価償却資産の償却方法の届出書」、有価証券を所有していなかった法人が有価証券を新たに取得した場合に提出する「有価証券の一単位当たりの帳簿価額の算出方法の届出書」などがあります。

・消費税についての届出

資本金1,000万円以上の会社を設立したときは、設立初年度から消費税が課税されます。その場合、「法人設立届出書」を税務署に提出する際に、「(消費税法上の) 新設法人」の欄に必要事項を記載します。

一方、資本金1,000万円未満の会社を設立したときは、原則として、設立事業年度とその翌事業年度は消費税が課されません。つまり、当初の2年間は免税事業者となります。そのため、消費税関連の届出は不要です。ただし、設立後のその会社の売上高によっては、消費税が課税されることがあるので注意が必要です。

■ 株式会社などの法人を設立した場合の税金関係の届出 ………

提出書類	添付書類	提出期限
法人設立届出書	定款等の写し	設立の日以後2か月以内
青色申告の承認申請書	なし	設立の日以後3か月を経過した日と設立第1期の事業年度終了の日のうち早い日の前日まで
給与支払事務所等の開設・移転・廃止届出書	なし	設立の日以後1か月以内
源泉所得税の納期の特例の承認に関する申請書	なし	随時(原則として、提出した日の翌月に支払う給与等から特例が適用される)

また、設立初年度に店舗を新設したり、設備などを購入したりといったような多額の設備投資を行う予定があるときは、「消費税課税事業者選択届出書」を提出し、消費税の課税事業者となることによって、消費税の還付を受けることができる可能性があります。

さらに、令和５年10月１日からはインボイス制度（200ページ以降）がスタートしており、その関係で会社設立時に適格請求書発行事業者になる場合には、「消費税課税事業者選択届出書」を提出して消費税の課税事業者となり、それに合わせて「適格請求書発行事業者の登録申請書」を提出する必要があります。ただし、一定期間は「消費税課税事業者選択届出書」を提出しなくとも、「適格請求書発行事業者の登録申請書」のみの提出で適格請求書発行事業者となることができる経過措置があります。

なお、いったん消費税課税事業者選択届出書や適格請求書発行事業者の登録申請書を提出した場合には、売上金額の多少にかかわらず、その後、２年間は消費税の課税事業者でいなければならないので注意する必要があります。

また、一定規模以下（前々事業年度の課税売上高が5,000万円以下の場合）の会社では、売上高から納める消費税の額を計算する簡易な課税方式（簡易課税制度）を採用することができます（設立初年度から適用を受けることもできる）。簡易課税制度の適用を受けようとする会社は、「消費税簡易課税制度選択届出書」を提出する必要があります。この届出書は、選択しようとする課税期間が事業を開始した課税期間の場合、適用を受けようとする課税期間中に提出します。２期目以降は、適用を受けようとする課税期間が始まる前の日までに選択届出書を提出する必要があります。簡易課税制度は、事業を廃止した場合を除いて２年間継続して適用を受けなければなりません。

・都道府県に提出する書類

新たに事業を開始した場合、その事業所が所在する都道府県にも所定の届出を提出する必要があります。具体的には、「法人設立・設置届出書」または「法人設立届出書」といった書類を都道府県税事務所に提出します。おもな添付書類には以下のものがありますが、あらかじめ確認しておくことが必要です。

① 定款等の写し

② 履歴事項全部証明書

・市区町村に提出する書類

新しく会社を設立した場合や事務所・事業所などを開設した場合は、「法人設立届出書」または「法人の事務所・事業所等の開設申告書」といった書類を市区町村に提出します。提出の際には、定款等の写しと履歴事項全部証明書を添付します。また、その後、商号、所在地、代表者、事業年度、資本金などの異動（変更）や、事務所、事業所の廃止、解散が生じた場合は、そのつど「法人等の異動届」を提出します。異動届を提出する場合も履歴事項全部証明書などの異動の事実がわかる書類を添付します。

合同会社・一般社団法人を設立した場合に必要な手続き

公益社団法人の場合、法人設立届出書は必要ありません。給与の支払いがある場合には「給与支払事務所等の開設届出書」を提出します。ただし、収益事業（公益目的ではない営利目的の事業のこと）に対しては法人税が課税されますので、その場合「収益事業開始届出書」が必要となります。また、都道府県や市町村については原則として設立の届出が必要ですが、「収益事業」を行わない場合は不要である場合もあるため、事前に確認しておくとよいでしょう。合同会社や公益認定を受けていない「非営利型」法人以外の場合は、普通法人と同じ取扱いであるため、前述の株式会社と同様の手続きを行います。

書式　法人設立届出書

法人設立届出書

※整理番号	

税務署受付印

令和 5 年10月20日

大田 税務署長殿

新たに内国法人を設立したので届け出ます。

本店又は主たる事務所の所在地	〒144-○○○○ 東京都大田区××××○－○－○ 電話(03)○○○○－○○○○
納税地	〒 同上
(フリガナ)	カブシキガイシャ　ニシホーム
法人名	株式会社　西ホーム
法人番号	×××××××××××××
(フリガナ)	ニシグチ　ユキオ
代表者氏名	西口　幸雄
代表者住所	〒160-○○○○ 東京都新宿区××××○－○－○ 電話(03)××××－××××

設立年月日	令和 5 年10月 9 日	事業年度	(自) 4 月 1 日 (至) 3 月31 日
設立時の資本金又は出資金の額	5,000,000 円	消費税の新設法人に該当することとなった事業年度開始の日	令和　年　月　日

事業の目的	(定款等に記載しているもの) 1.不動産の売買、賃貸、仲介及び管理 2.宅地建物取引業　3.不動産の鑑定業務 4.貸会場の経営　5.ビルメンテナンス業 6.上記各号に付随する一切の業務 (現に営んでいる又は営む予定のもの) ・不動産の売買、賃貸、仲介及び管理 ・貸会場の経営 ・ビルメンテナンス業	支店・出張所・工場等	名称	所在地

設立の形態	① 個人企業を法人組織とした法人である場合(　　税務署)(整理番号：　　) 2 合併により設立した法人である場合 3 新設分割により設立した法人である場合 (□分割型・□分社型・□その他) 4 現物出資により設立した法人である場合 5 その他(　　)

設立の形態が2～4である場合の適格区分		適格・その他	添付書類	① 定款等の写し 2 その他 (　　)
事業開始（見込み）年月日		令和 5 年 10 月 9 日		
「給与支払事務所等の開設届出書」提出の有無		㊒・無		
関与税理士	氏名			
	事務所所在地	電話(　　)　－		

税理士署名	

※税務署処理欄	部門		決算期		業種番号		番号		入力		名簿		通信日付印	年　月　日	確認	

(規格A4)

03.06改正

書式　給与支払事務所等の開設届出書

※整理番号	

税務署受付印

給与支払事務所等の(開設)・~~移転~~・~~廃止~~届出書

令和 5年 10月 20日

大田 税務署長殿

所得税法第230条の規定により次のとおり届け出ます。

事務所開設者		
	住所又は本店所在地	〒144－○○○○ 東京都大田区××××○－○－○ 電話（ 03 ）××××－××××
	（フリガナ）	カブシキガイシャ　ニシホーム
	氏名又は名称	株式会社　西ホーム
	個人番号又は法人番号	↓個人番号の記載に当たっては、左端を空欄とし、ここから記載してください。 ××××××××××××
	（フリガナ）	ニシグチ　ユキオ
	代表者氏名	西口　幸雄

（注）「住所又は本店所在地」欄については、個人の方については申告所得税の納税地、法人については本店所在地（外国法人の場合には国外の本店所在地）を記載してください。

(開設)・移転・廃止年月日	令和 5 年 10 月 9 日	給与支払を開始する年月日	令和 5 年 10 月 25 日

○届出の内容及び理由
（該当する事項のチェック欄□に✓印を付してください。）

		「給与支払事務所等について」欄の記載事項 開設・異動前	異動後
開設	☑ 開業又は法人の設立		
	□ 上記以外 ※本店所在地等とは別の所在地に支店等を開設した場合	開設した支店等の所在地	
移転	□ 所在地の移転	移転前の所在地	移転後の所在地
	□ 既存の給与支払事務所等への引継ぎ （理由）□ 法人の合併　□ 法人の分割　□ 支店等の閉鎖 □ その他 （　　　　　　　　）	引継ぎをする前の給与支払事務所等	引継先の給与支払事務所等
廃止	□ 廃業又は清算結了　□ 休業		
その他（　　　　　　）		異動前の事項	異動後の事項

○給与支払事務所等について

	開設・異動前	異動後
（フリガナ）		
氏名又は名称		
住所又は所在地	〒 電話（　　）　－	〒 電話（　　）　－
（フリガナ）		
責任者氏名		

従事員数	役員 1 人	従業員 4 人	（専従者）　人	（使用人）　人	（　　）　人	計 5 人

（その他参考事項）

税理士署名	

※税務署処理欄	部門		決算期		業種番号		入力		名簿等		用紙交付		通信日付印	年 月 日	確認	
	番号確認	身元確認 □ 済 □ 未済	確認書類 個人番号カード／通知カード・運転免許証 その他（　　　）													

（規格A4）

03.06改正

書式　消費税課税事業者選択届出書

第1号様式

消費税課税事業者選択届出書

（収受印）

令和 5 年10月20日

大田 税務署長殿

届出者	項目	記載内容
届出者	（フリガナ）	トウキョウトオオタク○○
	納税地	（〒144 －××××） 東京都大田区××××○－○－○ （電話番号　03 －××××－××××　）
	（フリガナ）	
	住所又は居所 （法人の場合） 本店又は主たる事務所の所在地	（〒　　－　　） 同　上 （電話番号　　－　　－　　）
	（フリガナ）	カブシキガイシャ　ニシホーム
	名称（屋号）	株式会社　西ホーム
	個人番号 又は 法人番号	↓ 個人番号の記載に当たっては、左端を空欄とし、ここから記載してください。 ○｜○○○○｜○○○○｜○○○○
	（フリガナ）	ニシグチ　ユキオ
	氏名 （法人の場合） 代表者氏名	西口　幸雄
	（フリガナ） （法人の場合） 代表者住所	トウキョウトシンジュクク○○ 東京都新宿区××××○－○－○ （電話番号　03 －××××－××××　）

下記のとおり、納税義務の免除の規定の適用を受けないことについて、消費税法第9条第4項の規定により届出します。

適用開始課税期間	自　平成・令和（令和に丸）　5 年 10 月 9 日	至　平成・令和（令和に丸）　6 年 3 月 31 日		
上記期間の基準期間	自　平成・令和　年　月　日		左記期間の総売上高	円
	至　平成・令和　年　月　日		左記期間の課税売上高	円

事業内容等	生年月日（個人）又は設立年月日（法人）	1明治・2大正・3昭和・4平成・5令和（5令和に丸） 5 年 10 月 9 日	法人のみ記載	事業年度	自 4 月 1 日　至 3 月 31 日
				資本金	5,000,000 円
	事業内容	不動産	届出区分	事業開始・設立（設立に丸）・相続・合併・分割・特別会計・その他	
参考事項			税理士署名	（電話番号　－　－　）	

※税務署処理欄	整理番号		部門番号				
	届出年月日	年　月　日	入力処理	年　月　日	台帳整理	年　月　日	
	通信日付印 年　月　日	確認	番号確認		身元確認　□ 済　□ 未済	確認書類	個人番号カード／通知カード・運転免許証 その他（　　）

注意　1．裏面の記載要領等に留意の上、記載してください。

2．税務署処理欄は、記載しないでください。

書式　消費税簡易課税制度選択届出書

第９号様式

消費税簡易課税制度選択届出書

収受印

令和 5 年 10月 20日 大田 税務署長殿	届出者	（フリガナ）	トウキョウトオオタク〇〇
		納税地	（〒144 − XXXX ） 東京都大田区XXXX〇−〇−〇 （電話番号　03 −XXXX−XXXX）
		（フリガナ）	カブシキガイシャ　ニシホーム　　ニシグチ　ユキオ
		氏名又は名称及び代表者氏名	株式会社 西ホーム　西口　幸雄
		法人番号	※個人の方は個人番号の記載は不要です。 〇〇〇〇〇〇〇〇〇〇〇〇〇

下記のとおり、消費税法第37条第１項に規定する簡易課税制度の適用を受けたいので、届出します。

（□　所得税法等の一部を改正する法律（平成28年法律第15号）附則第51条の２第６項の規定又は消費税法施行令等の一部を改正する政令（平成30年政令第135号）附則第18条の規定により消費税法第37条第１項に規定する簡易課税制度の適用を受けたいので、届出します。）

① 適用開始課税期間	自　令和　5 年 10 月 9 日	至　令和　6 年 3 月 31 日
② ①の基準期間	自　令和　年　月　日	至　令和　年　月　日
③ ②の課税売上高	不動産の売買、賃貸、仲介及び管理	円
事業内容等	（事業の内容）	（事業区分） 第 6 種事業

提出要件の確認

次のイ、ロ又はハの場合に該当する （「はい」の場合のみ、イ、ロ又はハの項目を記載してください。）			はい □　いいえ ☑
イ	消費税法第９条第４項の規定により課税事業者を選択している場合	課税事業者となった日	令和　年　月　日
		課税事業者となった日から２年を経過する日までの間に開始した各課税期間中に調整対象固定資産の課税仕入れ等を行っていない	はい □
ロ	消費税法第12条の２第１項に規定する「新設法人」又は同法第12条の３第１項に規定する「特定新規設立法人」に該当する（該当していた）場合	設立年月日	令和　年　月　日
		基準期間がない事業年度に含まれる各課税期間中に調整対象固定資産の課税仕入れ等を行っていない	はい □
ハ	消費税法第12条の４第１項に規定する「高額特定資産の仕入れ等」を行っている場合（同条第２項の規定の適用を受ける場合） （仕入れ等を行った資産が高額特定資産に該当する場合はAの欄を、自己建設高額特定資産に該当する場合は、Bの欄をそれぞれ記載してください。）	A　仕入れ等を行った課税期間の初日	令和　年　月　日
		A　この届出による①の「適用開始課税期間」は、高額特定資産の仕入れ等を行った課税期間の初日から、同日以後３年を経過する日の属する課税期間までの各課税期間に該当しない	はい □
		B　仕入れ等を行った課税期間の初日	平成 令和　年　月　日
		B　建設等が完了した課税期間の初日	令和　年　月　日
		B　この届出による①の「適用開始課税期間」は、自己建設高額特定資産の建設等に要した仕入れ等に係る支払対価の額の累計額が１千万円以上となった課税期間の初日から、自己建設高額特定資産の建設等が完了した課税期間の初日以後３年を経過する日の属する課税期間までの各課税期間に該当しない	はい □

※　消費税法第12条の４第２項の規定による場合は、ハの項目を次のとおり記載してください。
1「自己建設高額特定資産」を「調整対象自己建設高額資産」と読み替える。
2「仕入れ等を行った」は、「消費税法第36条第１項又は第３項の規定の適用を受けた」と、「自己建設高額特定資産の建設等に要した仕入れ等に係る支払対価の額の累計額が１千万円以上となった」は、「調整対象自己建設高額資産について消費税法第36条第１項又は第３項の規定の適用を受けた」と読み替える。

※　この届出書を提出した課税期間が、上記イ、ロ又はハに記載の各課税期間である場合、この届出書提出後、届出を行った課税期間中に調整対象固定資産の課税仕入れ等又は高額特定資産の仕入れ等を行うと、原則としてこの届出書の提出はなかったものとみなされます。詳しくは、裏面をご確認ください。

参考事項	
税理士署名	（電話番号　　−　　−　　）

※税務署処理欄	整理番号		部門番号			
	届出年月日　年　月　日		入力処理　年　月　日		台帳整理　年　月　日	
	通信日付印 年　月　日	確認	番号確認			

注意　1．裏面の記載要領等に留意の上、記載してください。
　　　2．税務署処理欄は、記載しないでください。

書式　法人設立（設置）届出書

法 人 設立／設置 届 出 書

受付印

※整理番号

令和 5 年10月20日 大田 税務署長殿 新たに法人を (設立)／設置 したので届け出ます。	(フリガナ)	トウキョウト オオタク○○
	本店又は主たる事務所の所在地	〒144-000 ビル名等 東京都大田区××××○－○－○ 電話(03) ○○○○ - ○○○○
	納税地	〒 同上 電話( )
	(フリガナ)	カブシキガイシャ ニシホーム
	法人名	株式会社 西ホーム
	法人番号	○○○○○○○○○○○○○
	(フリガナ)	ニシグチ ユキオ
	代表者氏名	西口 幸雄
	代表者住所	〒160-000 ビル名等 東京都新宿区××××○－○－○ 電話(03) ××××-××××
	(フリガナ)	
	送付先・連絡先 □本店所在地 □代表者住所 □その他	〒 ビル名等 電話( ) -

(設立)／設置 年月日	令和 5 年 10 月 9 日	事業年度	(自) 4 月 1 日 (至) 3 月 31 日
資本金又は出資金の額	5,000,000円	地方税の申告期限の延長の処分(承認)の有無　事業税 有・(無)	・・ の事業年度から 月間
資本金等の額	5,000,000円	住民税 有・(無)	・・ の事業年度から 月間
		消費税の新設法人に該当することとなった事業年度開始の日	令和 年 月 日

事業の目的

(定款等に記載しているもの)
不動産の売買、賃貸、仲介及び管理

(現に営んでいるもの又は営む予定のもの)
不動産の売買、賃貸、仲介及び管理

従業員総数	5 人	市内従業者数	3 人

支店・出張所・工場等

名称	所在地	設置年月日
	電話( ) －	・ ・
	電話( ) －	・ ・
	電話( ) －	・ ・

設立の形態
(1) 個人企業を法人組織とした法人 （ 税務署）(整理番号: ）
2 合併により設立した法人
3 新設分割により設立した法人 （□分割型・□分社型・□その他）
4 現物出資により設立した法人
5 その他（ ）

設立の形態が2～4である場合の適格区分	適格 ・ その他
事業開始（見込）年月日	令和 5 年 10 月 9 日
「給与支払事務所等の開設届出書」提出の有無	(有)・ 無

届出内容に該当する□にチェックをしてください。
□ 当該区市町村の事務所等が本店で複数の区市町村に事務所等をもつ法人
□ 当該区市町村の事務所等が支店で複数の区市町村に事務所等をもつ法人
☑ 当該区市町村にのみ事務所等を有する法人

添付書類等
(1) 定款等の写し　(2) 登記事項証明書(履歴事項全部証明書)、登記簿謄本又はオンライン登記情報提供制度利用
※2については、税務署への提出は必要ありません。
3 その他（

オンライン登記情報提供制度利用の場合	照会番号	発行年月日
都		年 月 日
市		年 月 日

関与税理士	氏名		事務所所在地	〒 電話( ) -

新たに事務所等を設置した法人が通算法人の場合	通算法人の種類	□通算親法人 □通算子法人 (※子法人の場合には以下に親法人情報も記載してください。)	最初通算事業年度(適用開始事業年度) ・ ・ / ・ ・
	通算親法人名	通算親法人の納税地	決算期
	法人番号	〒 電話 (-	

税理士署名	

事業の種類	□製造業 ☑その他 (具体的に 不動産 業)	公益法人等で(る場合	□収益事業を行う □収益事業を行わない
一般社団法人・一般財団法人である場合	□非営利型法人 □普通法人	※処理欄	

その1（税務署提出用）

※届出については、それぞれの機関へ提出してください。

（国税局・東京都・市町村統一様式用）

2 法人税の青色申告について知っておこう

青色申告を申請して税制上の特典を受けることができる

青色申告とは何か

法人税は、「申告納税制度」をとっています。確定申告には、２種類の申告形式がありますが、帳簿書類の備付けを促し申告納税制度を普及する目的から、白色申告よりも青色申告が奨励されています。

青色申告とは、所定の帳簿を備え付けて日々の取引を記録すると共に、自ら所得を正しく計算すれば、青色の申告書により申告することができる制度です。一定の帳簿を備え付け、正確な記帳を行っている納税者には、所得計算などにおいて、様々なメリットが与えられています。このような制度を青色申告制度といいます。

青色申告者には、青色欠損金の繰越控除や欠損金の繰り戻し還付という特典があります。青色欠損金の繰越控除とは、青色申告を行った年度の損失を赤字の出た年の翌年から10年間にわたって繰越で控除するということです。これは翌年以降に黒字化した場合の節税対策として大きなメリットとなります。欠損金の繰り戻し還付とは、その年にでた損失は、確定申告書と共に所定の還付請求書を提出すれば前年分の税額の一部または全額の還付が受けられるというものです。これは翌年以降に赤字が見込まれる場合に力を発揮します。

また、青色申告者には、青色欠損金の繰越控除や欠損金の繰り戻し還付の他にも以下のような種々の特典が認められています。

・租税特別措置法による特別償却、特別控除等
・中小企業者等の少額減価償却資産の取得価額の損金算入
・帳簿書類の調査に基づかない更正の原則禁止
・更正を行った場合の更正通知書への理由付記

・推計による更正または決定の禁止
・各種準備金の積立額の損金算入

青色申告の承認申請書を提出する

株式会社・合同会社・一般社団法人のいずれの場合であっても、青色申告を認めてもらおうとする法人は、税務署に「青色申告の承認申請書」を提出し、税務署の承認を受ける必要があります。申請に対する承認の有無の通知は書面により行われることになっており、その事業年度終了の日までに承認または却下の通知がなかったときは、その日において承認があったものとみなされます。

青色申告者となるには、複式簿記による一定の帳簿書類を備え付けて取引を記録し、かつ、保存することが条件（義務）となります。複式簿記とは、取引が行われた場合、一方の取引を貸方（左側）に、他方の取引を借方（右側）に記載することをいいます。たとえば、会社が商品100万円で販売した場合、貸方に現金100万円、借方に売上100万円と記載します。

いつまでに申請すればよいのか

青色申告の承認申請書は、原則として青色申告を始める事業年度開始の日の前日までに、納税地の所轄税務署長に提出しなければなりません。ただし、法人を設立した年度である場合には、「設立の日以後３か月以内」または「設立事業年度終了の日」のいずれか早い日の前日が提出期限となります。

この手続きは青色申告を始める年に行う必要がありますが、その年以降については途中で承認の取消や、取りやめの手続などを行わない限り次年以降も引き続き青色申告者として扱われます。

書式　青色申告の承認申請書

税務署受付印

青色申告の承認申請書

※整理番号	

令和 5 年 10 月 20 日

大田 税務署長殿

納税地	〒144-○○○○ 東京都大田区××××○－○－○ 電話(03)○○○○ － ○○○○
（フリガナ）	カブシキガイシャ　ニシホーム
法人名等	株式会社　西ホーム
法人番号	×××××××××××××
（フリガナ）	ニシグチ　ユキオ
代表者氏名	西口　幸雄
代表者住所	〒160-○○○○ 東京都新宿区××××○－○－○
事業種目	不動産　業
資本金又は出資金額	5,000,000 円

自令和 5 年 10 月 9 日
至令和 6 年 3 月 31 日
事業年度から法人税の申告書を青色申告書によって提出したいので申請します。

記

1　次に該当するときには、それぞれ□にレ印を付すとともに該当の年月日等を記載してください。

□　青色申告書の提出の承認を取り消され、又は青色申告書による申告書の提出をやめる旨の届出書を提出した後に再び青色申告書の提出の承認を申請する場合には、その取消しの通知を受けた日又は取りやめの届出書を提出した日
平成・令和　年　月　日

☑　この申請後、青色申告書を最初に提出しようとする事業年度が設立第一期等に該当する場合には、内国法人である普通法人若しくは協同組合等にあってはその設立の日、内国法人である公益法人等若しくは人格のない社団等にあっては新たに収益事業を開始した日、公共法人に該当していた収益事業を行う公益法人等にあっては当該公益法人等に該当することとなった日、又は公共法人若しくは収益事業を行っていない公益法人等に該当していた普通法人若しくは協同組合等にあっては当該普通法人若しくは協同組合等に該当することとなった日
平成・(令和) 5 年 10 月 9 日

□　所得税法等の一部を改正する法律（令和２年法律第８号）（以下「令和２年改正法」といいます。）による改正前の法人税法（以下「令和２年旧法人税法」といいます。）第４条の５第１項（連結納税の承認の取消し）の規定により連結納税の承認を取り消された後に青色申告書の提出の承認を申請する場合には、その取り消された日
平成・令和　年　月　日

□　令和２年旧法人税法第４条の５第２項各号の規定により連結納税の承認を取り消された場合には、同項各号のうち、取消しの基因となった事実に該当する号及びその事実が生じた日
令和２年旧法人税法第４条の５第２項第　号
平成・令和　年　月　日

□　連結納税の取りやめの承認を受けた日を含む連結親法人事業年度の翌事業年度に青色申告書の提出をしようとする場合には、その承認を受けた日
令和　年　月　日

□　令和２年改正法附則第29条第２項の規定による届出書を提出した日を含む最終の連結事業年度の翌事業年度に青色申告書の提出をしようとする場合には、その届出書を提出した日
令和　年　月　日

2　参考事項
(1)　帳簿組織の状況

伝票又は帳簿名	左の帳簿の形態	記帳の時期	伝票又は帳簿名	左の帳簿の形態	記帳の時期
仕訳帳	会計ソフト	毎月	売掛帳	表計算ソフト	毎月
総勘定元帳	会計ソフト	毎月	買掛帳	表計算ソフト	毎月
現金出納帳	表計算ソフト	毎日	固定資産台帳	表計算ソフト	毎月

(2)　特別な記帳方法の採用の有無
イ　伝票会計採用
(ロ)　電子計算機利用

(3)　税理士が関与している場合におけるその関与度合

税理士署名	

※税務署処理欄	部門		決算期		業種番号		番号		入力		備考		通信日付印	年 月 日	確認	

05. 06 改正

（規格Ａ４）

3 消費税について知っておこう

物品の購入などの消費に対して課される税金である

どんな税金なのか

消費税とは、「消費をする」という行為に税を負担する能力を認め、課される税金です。「消費をする」とは、物を購入する、賃貸する、情報などのサービスを受ける、というような行為のことをいいます。

税を負担するのは法人・個人にかかわらず消費行為をした「消費者」です。税金は、消費者から商品やサービスの代金と一緒に徴収されます。消費者から代金と一緒に徴収された消費税は、実は税金を徴収した店や会社が納付することになっています。このような税の負担者が直接納付せず、負担者以外の者が納付するしくみの税金を、間接税といいます。

平成元年（1989年）に３％の税率で導入された消費税は、平成９年（1997年）４月１日から５％に税率が引き上げられました。その内訳は、国税４％、地方税１％という構成です。この税率が平成24年（2012年）８月に成立した「社会保障の安定財源の確保等を図る税制の抜本的な改革を行うための消費税法の一部を改正する等の法律」の成立により、平成26年（2014年）４月１日からは国税6.3％及び地方税1.7％で合計８％に、そして令和元年（2019年）10月１日からは国税7.8％及び地方税2.2％で合計10％に、税率が引き上げられました。また、一定の飲食料品や新聞については軽減税率（税率８％）も導入されました。

具体例で見る流通の流れ

消費税は、店や会社などの事業者が消費者の代わりに徴収して納めるということでした。買い物をしたときに店から受け取るレシートを見ると、本体○○円、消費税××円というように、内訳に消費税額が記載されています。しかし、この金額は、そっくりそのまま税務署へ納められるわけではありません。

消費税を納めるべき事業者は、商品やサービスを消費者へ供給する立場ですが、一方で商品を仕入れたり備品を購入したりするため、消費者の立場でもあります。つまり事業者は物品の購入等と共に税を負担し、消費者からは税を徴収しているということになります。

もし徴収した税額のみを納めた場合、自身が負担した税はコストの一部となり、販売金額に上乗せされてしまいます。税額が流通ルートに乗って、雪だるま式にふくれあがってしまうわけです。消費税の計算は、このような「税の累積」を排除するため、実は徴収した税額から負担した税額を控除して納めるしくみになっています。

具体例を使って、商品の製造から消費者に届くまでの流れを見ていきましょう。税率は通常税率である10%とします。

ある商品が製造業者甲社、から卸売業者乙社を経て、消費者に渡る

■ 消費税のしくみ

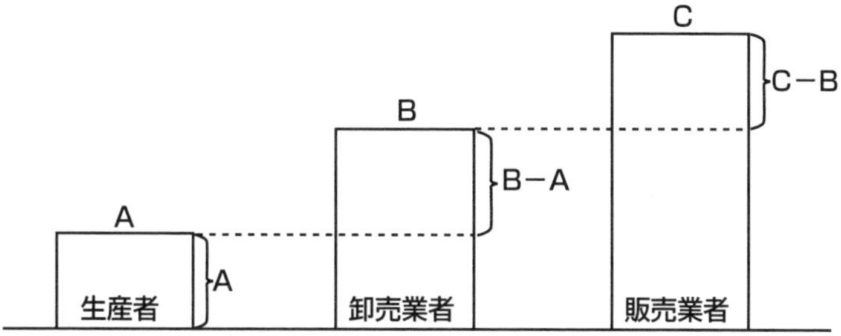

生産者が納付する消費税　A
卸売業者が納付する消費税　B−A
販売業者が納付する消費税　C−B
納付される消費税の合計　=A+(B−A)+(C−B)
=C
=最終消費者が負担する消費税

とします。製造業者である甲社は、販売価格10,000円の商品を作ったとします。ちなみに、これに対する消費税額は1,000円です。この商品を卸業者乙社に販売した場合、甲社は乙社から商品代金10,000円と同時に消費税1,000円も受け取ります。この時に徴収した1,000円の消費税は、甲社が申告、納付することになります（製造のためのコストはなかったものとします）。

乙社は10,000円で甲社から仕入れた商品を、消費者に20,000円で販売したとします。乙社は消費者から20,000円と消費税2,000円を徴収します。乙社が受け取った消費税は2,000円ですが、ここから甲社へ支払った1,000円を控除し、残額の1,000円を申告、納付することになります。

甲社から消費者までの納付税額の流れは以下のような算式になります。

1,000円＋（2,000円－1,000円）＝2,000円

つまり、納められた消費税の合計額は、最終消費者が負担した2,000円と一致することがわかります。甲社、乙社は、消費者から預かった税金をそれぞれ分担して納付しているということになります。

納税義務者はどうなっているのか

税金を納める義務のある者のことを「納税義務者」といいます。消費税の納税義務者は、「事業者」と「外国から貨物を輸入した者」です。

「事業者」とは、個人で商売を営む経営者や会社など、事業を行う者のことをいいます。ただし、すべての「事業者」が納税義務者になるわけではありません。小規模の会社や個人経営者にとっては、本業の経営を行う傍らで税金を計算するという作業は非常に負担がかかります。このような小規模事業者への配慮から、前々年度の課税売上が1,000万円以下であるなど一定要件を満たす事業者については、消費税を納付する義務がありません。

なお、消費税を納める義務がある事業者のことを課税事業者、消費税を納める義務がない事業者のことを免税事業者といいます。

課税期間とは

課税期間とは、消費税を申告するための計算単位となる期間のことです。個人の場合は１月から12月までの暦年、法人の場合は決算から決算までの一事業年度が、課税期間です。「課税事業者」は、課税期間中に行った取引について、納めるべき消費税を計算して納付します。

また、一定の手続きを行うことにより、特例として課税期間を３か月間または１か月間ごとに短く区切ることができます。これを課税期間の短縮といいます。たとえば多額の設備投資を行った場合など、税金が還付される場合には、この制度の適用を受けると早く還付を受けることができます。ただし、いったん課税期間短縮の手続きを行うと２年間継続して適用されることになります。申告のために費やす事務負担が増えることになるので、課税期間を短縮するメリットがあるのか、慎重に検討する必要があります。

基準期間

国内で事業を行う事業者の中にも、納税義務が免除される場合があります。納税義務が免除されるかどうかは、前々年度の課税売上で判定するということを前述しました。このように、判定の基準となる期間のことを、「基準期間」といいます。なぜ前々年度なのかというと、

■ 納税事業者と課税期間

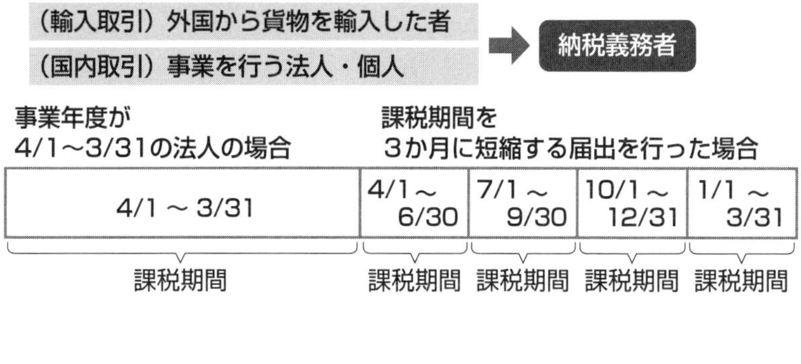

直前の課税期間の場合、決算を終えるまでは数値が確定しないからです。当課税期間が課税なのか免税なのかすぐに判断できず不都合が生じるため、当課税期間の始めには数値が確定している、前々年度を基準にしているわけです。厳密にいえば、個人と法人とで基準期間は異なり、単純に２年前ではありません。

個人事業者の場合、課税期間は１月から12月までの暦年で区切られます。したがって前々年がそのまま基準期間となります。たとえ基準期間の途中で開業した場合でも、後述の法人のように換算計算などは行いません。

一方、法人の基準期間は、１年決算法人（会計上の事業年度の期間を１年としている法人のこと）の場合、その事業年度の前々事業年度です。基準期間が１年未満である場合は、その事業年度開始日の２年前から１年間に開始した各事業年度をあわせた期間が基準期間となります。基準期間が１年でない法人の基準期間における課税売上高については、たとえば6か月法人であれば２倍、というように１年分に換算し直して計算します。

なお、基準期間は免税事業者の判定の他に、消費税額の計算方法のひとつである「簡易課税制度」適用の可否を判定する場合などにも利用します。

納税義務が免除される場合

納税義務の免除に関する説明に戻ります。免税事業者になる場合とは、基準期間中の課税売上高が1,000万円以下である場合です。課税売上高とは、消費税の対象となる収入の合計金額をいいます。

なお、基準期間が前々事業年度であるということは、設立したばかりの法人については、基準期間がないということになります。そこで、設立１年目または２年目で基準期間がない法人は、基準期間における課税売上高もないため、免税事業者となります。ただし後述するように、例外として課税事業者に該当する場合もありますので、注意が必要です。個人の場合、暦年で計算するため、開業以前でも基準期間は存在します。したがって、開業して2年間は、基準期間の課税売上高はゼロで免税という取扱いになります。

免税事業者となった課税期間において、多額の設備投資を行うなど、消費税の還付を受ける場合は、届出を提出することにより課税事業者の選択をすることができます。ただし、いったん課税事業者の選択を行うと、2年間は継続して適用されます。課税事業者を選択する場合、翌課税期間以降のことも考慮して、慎重に検討する必要があります。

なお、事業を相続した個人や分割、合併のあった法人については、基準期間の課税売上高に相続前、分割、合併前の売上高が加味されます。通常の開業初年度の取扱いとは異なりますので、注意が必要です。

■ 免税事業者となる場合

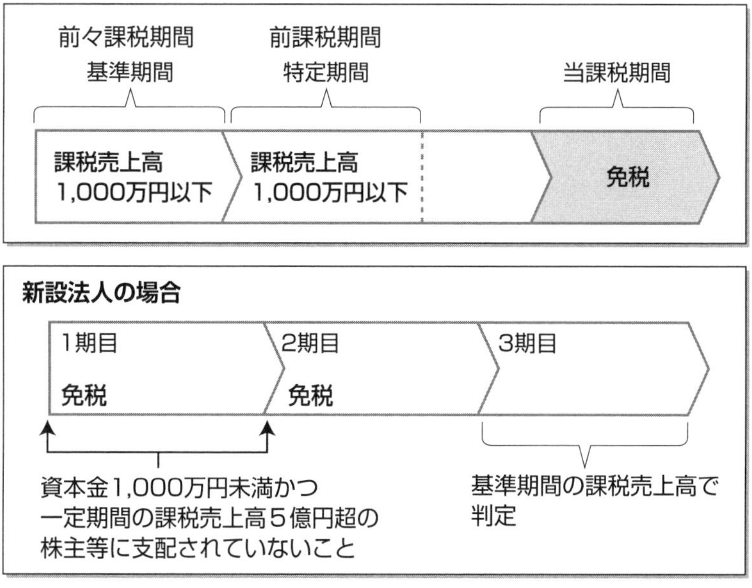

課税売上高が1,000万円以下でも課税される場合

新設法人の場合や基準期間における課税売上高が1,000万円以下であるにもかかわらず、例外として課税事業者となるケースが3つあります。

①新設以後2年間の事業年度開始の日において「資本金又は出資の額が1,000万円以上の法人」の場合、②「特定期間における課税売上高」が1,000万円を超える場合、③「特定の新規設立法人」に該当する場合です。

資本金1,000万円以上の新設法人について

①資本金が1,000万円以上ある新設法人の場合は、納税義務が生じます。新設法人は基準期間がないので、通常であれば免税事業者です。しかし、ある程度の規模の法人については、納税する資金力があるものとみなされ、特別に課税事業者にされてしまうというわけです。判定のタイミングは、「事業年度開始の日」の状態です。たとえば法人設立時の資本金は1,000万円であったが、期中に減資を行い、2年目の期首には資本金が900万円になっていたとします。この場合、1年目は課税事業者ですが、2年目は免税事業者という取扱いになります。

なお、後述のように資本金1,000万円未満であっても課税事業者となるケースもあります。

特定期間における課税売上高が1,000万円を超えるケース

②基準期間の課税売上高が1,000万円以下でも、前事業年度開始の日から6か月間の課税売上高が1,000万円を超える場合には納税義務は免除されません。つまり課税事業者として取り扱われます。

前事業年度開始の日以後6か月間の期間のことを「特定期間」といいます。前事業年度が7か月以下である場合は、前々事業年度開始の日以後6か月間が適用されます。

なお、判定の基準については、課税売上高に代えて、支払った給与

等の金額の合計額で判定することもできますので、いずれか有利な方法を選択します。

資本金1,000万円未満の特定の新規設立法人のケース

③資本金1,000万円未満の法人は、通常であれば免税事業者ですが、資本金1,000万円未満であっても、次の２つの要件を満たす法人は課税事業者になるため、注意が必要です。

ⓐ　株主から直接または間接に50％超の株式等の出資を受けているなど、実質的にその株主に支配されている状態である

ⓑ　ⓐの株主またはその株主と一定の特殊な関係にある法人のうち、いずれかの基準期間に相当する期間における課税売上高が５億円超である

要するに、売上が５億円を超えているような大規模な会社から出資を受けた法人は、納税する余力があるとみなされるというわけです。

免税事業者は有利か

免税事業者になることがすべての場合に得になるとは限りません。なぜなら、消費税の申告をする必要がない代わりに、仕入に含まれている消費税を控除できないからです。売上にかかる消費税より仕入にかかる消費税の方が多い場合でも、還付を受けることができません。この点は把握しておく必要があるでしょう。

また、令和５年10月から導入された適格請求書等制度（インボイス制度。次ページ以降参照）により、免税事業者の位置付けが大きく変わってきますので、これによっても有利・不利に関して影響を及ぼすことが考えられます。つまり、免税事業者が発行する請求書では、仕入税額控除ができなくなるため、免税事業者との取引が控えられてしまい、収入（課税売上）を得る機会が失ってしまう可能性があるのです。

4 インボイス制度について知っておこう

適格請求書発行事業者でないとインボイスが発行できない

インボイス制度とは？

インボイス（Invoice）は、一般的には請求書と訳されますが、令和５年10月１日からスタートした「インボイス」と、これまで使用されてきた従来の「請求書」とはその位置付けが大きく異なります。従来の請求書は、商品代金を請求する売り手の誰もが発行できて、また法人や個人事業者などの買い手は、その入手した請求書に記載された消費税を、売上に対して預かった消費税から控除（仕入税額控除）して、消費税の申告・納付をすることができました。

しかし、令和５年10月１日以降では所定の記載がされた「インボイス」を入手しないと原則として仕入税額控除ができなくなります。また、この「インボイス」は課税事業者でありかつ「適格請求書発行事業者」にならないと発行することができません。つまり、消費税の申告・納税を行っている者は、適格請求書発行事業者からインボイスを受け取らないと、状況によってはこれまでより消費税の納税が多く発生する可能性が出てくることになります。

インボイス（適格請求書等）の記載事項

インボイス制度では、売り手（課税事業者でかつ適格請求書発行事業者）は買い手からの求めに応じて次のような記載事項を完備したインボイス（適格請求書等）を買い手に交付し、また交付した適格請求書の写しを保存する義務が課されます。

① 適格請求書発行事業者（売り手）の氏名または名称及び登録番号

② 取引年月日

③　取引内容（軽減税率の対象品目である場合はその旨）
④　税率ごとに合計した対価の額（税抜または税込）及び適用税率
⑤　税率ごとに区分して合計した消費税額等
⑥　書類の交付を受ける事業者（買い手）の氏名または名称

なお、不特定多数の者に対して販売等を行う小売業等については、買い手の氏名等の記載を省略できます。

軽減税率の対象品目である旨の記載の仕方

軽減税率の対象となる商品がある場合には、軽減対象資産の譲渡等であることが客観的に明らかだといえる程度の表示が必要であり、たとえば次のいずれかのように記載します。なお、会計帳簿へも軽減税率の対象となる商品かどうかがわかるような記帳を行う必要があります。

・個々の取引ごとに８％や10％の税率を記載する
・８％の商品に「※」や「☆」といった記号や番号等を表示し、かつ、「※（☆）は軽減対象」などと表示することで、軽減対象資産の譲渡等である旨」を明らかにする
・８％の商品と10％の商品とを区別し、８％として区別されたものについて、その全体が軽減税率の対象であることを記載する
・８％の商品と10％の商品で請求書を分けて作成し、８％の請求書には軽減税率の対象であることを記載する

■ 会計帳簿の記載例

総勘定元帳（仕入）			
月　日	相手科目	摘　要	借　方
10/31	現金	○○食品㈱　※米・牛肉　10月分	19,440
10/31	現金	○○食品㈱　ビール　10月分	6,600
			※軽減税率対象

インボイス制度導入後の免税事業者からの課税仕入の取扱い

適格請求書等を発行するには、事前に税務署へ一定の申請を行って適格請求書発行事業者として登録を受けておく必要があります。この登録は課税事業者でないと行えないルールとなっていますので、免税事業者は課税事業者に変更しない限り適格請求書等の発行ができません。

また、課税仕入に対する仕入税額控除の適用を受けるには、適格請求書発行事業者が発行する適格請求書等を受領する必要があるため、免税事業者が発行する請求書等では、令和５年10月１日以降は原則として仕入税額控除を受けることができなくなります。ただし、所定の事項が記載された請求書等を保存し、帳簿に下記の50％または80％に関する経過措置の規定の適用を受ける旨が記載されている場合には、次の一定期間においては仕入税額相当額の一定割合を仕入税額として控除できる経過措置が設けられています。

・令和５年10月１日から令和８年９月30日までの期間は仕入税額相当額の80％
・令和８年10月１日から令和11年９月30日までの期間は仕入税額相当額の50％

インボイス制度で認められるインボイスには次のものがあります。

・適格請求書または適格簡易請求書
・仕入明細書等（適格請求書の記載事項が記載されており、相手方の確認を受けたもの）
・卸売市場において委託を受けて卸売の業務として行われる生鮮食品等の譲渡及び農業協同組合等が委託を受けて行う農林水産物の譲渡について、委託者から交付を受ける一定の書類
・上記の書類に関する電磁的記録（電子ファイル等）

適格簡易請求書とは

不特定多数の者に対して販売等を行う小売業、飲食店業、タクシー

業等については、通常の適格請求書等とは異なり次の通り記載事項を一部簡略化した「適格簡易請求書」を交付することができます。

① 適格請求書発行事業者（売り手）の氏名または名称及び登録番号
② 取引年月日
③ 取引内容（軽減税率の対象品目である場合はその旨）
④ 税率ごとに合計した対価の額（税抜または税込）
⑤ 税率ごとに区分して合計した消費税額等または適用税率

適格請求書との違いは、買い手の氏名（名称）の記載が不要であること、また消費税額等または適用税率のいずれかを記載（適格請求書は両方とも記載）すればよいことになっています。

適格請求書の交付義務が免除される場合

不特定多数の者などに対してその都度適格請求書を交付するのも実務上困難が生じる場合があり、以下の取引などは適格請求書の交付義務が免除されます。

① 公共交通機関による旅客の運送（３万円未満のもの）
② 出荷者等が卸売市場において行う生鮮食料品等の譲渡（出荷者から委託を受けた受託者が卸売の業務として行うもの）
③ 生産者が行う農業協同組合、漁業協同組合または森林組合等に委託して行う農林水産物の販売（無条件委託方式かつ共同計算方式により生産者を特定せずに行うもの）
④ 自動販売機及び自動サービス機により行われる課税資産の譲渡等（３万円未満のもの）
⑤ 郵便切手類を対価とする郵便・貨物サービス（郵便ポストに差し出されたもの）

インボイス（適格請求書等）を発行するための手続き

適格請求書等を発行できるようにするためには、「適格請求書発行事業者の登録申請書」(206 ～ 207ページ)を納税地を所轄する税務署長(郵送により登録申請書を提出する場合の送付先は、各国税局のインボイス登録センター)に提出し、適格請求書発行事業者となる必要があります。消費税の課税事業者であることのみをもって適格請求書等が発行できるのではなく、この登録申請書を提出し登録番号の提供を受けることで初めて発行ができます。

適格請求書発行事業者の情報は、「国税庁適格請求書発行事業者公表サイト」において、適格請求書発行事業者の氏名または名称、本店または主たる事務所の所在地(法人の場合)、登録番号、登録年月日、登録取消年月日・登録失効年月日が公表されます。個人事業者も任意で主たる屋号や主たる事務所の所在地等の公表が可能です。

なお、免税事業者が登録を受けるためには、原則として、「消費税課税事業者選択届出書」を提出し、課税事業者となる必要があります。

■ 適格請求書の記載例(令和５年10月１日以降) ………………

株式会社○○御中

請求書

東京都 XX 区 XX1-23-4
○○株式会社
(登録番号 TXXXXXXXXXXXXX)

令和５年 10 月分

月日	品名	金額
10／ 1	米　※	10,800 円
10／ 8	牛肉　※	8,640 円
10 /20	ビール	6,600 円
合計		26,040 円

(8% 対象　18,000 円　消費税 1,440 円)
(10% 対象　6,000 円　消費税　600 円)
※軽減税率対象

ただし、登録日が令和５年10月１日から令和11年９月30日までの日の属する課税期間中である場合は、消費税課税事業者選択届出書を提出しなくても適格請求書発行事業者の登録申請書のみを提出することで登録を受けることができる経過措置があります。

消費税負担・事務負担の軽減に関する経過措置

令和５年度税制改正により、インボイス制度導入後、一定の事業者に対して次のような消費税負担・事務負担の軽減措置が適用されています。

・小規模事業者に対する税額控除の経過措置（２割特例）

免税事業者が適格請求書発行事業者に変更した場合には、消費税の納税額について、一定期間、売上に対して預かった消費税額の２割にすることができます。たとえば、免税事業者である３月決算会社の法人が令和５年10月１日からインボイスの登録を受けた場合は、令和６年３月期分（令和５年10月から令和６年３月分のみ）、令和７年３月期分、令和８年３月期分及び令和９年３月期分の消費税申告までは、売上に対する消費税の２割のみを納税額とすることができます。その他、個人事業者が令和５年10月１日からインボイスの登録を受ける場合は、令和５年分（令和５年10月から12月分のみ）、令和６年分、令和７年分及び令和８年分の消費税申告までは、売上に対する消費税の２割のみを納税額とすることができます。

・一定規模以下の事業者に対する事務負担の軽減措置（少額特例）

基準期間（前々年度）の課税売上高が１億円以下、または特定期間（前年度開始の日以後６か月間）の課税売上高が5,000万円以下の事業者が、令和５年10月１日から令和11年９月30日までに行われる税込１万円未満の課税仕入については、適格請求書等の入手・保存がなくても帳簿記帳のみで仕入税額控除を行うことができます。

書式　適格請求書発行事業者の登録申請書（国内事業者用）

第１－(3)号様式

国内事業者用

適格請求書発行事業者の登録申請書

収受印

【１／２】

令和 5 年 11 月 15 日

大田 税務署長殿

申請者	（フリガナ）	トウキョウトオオタク〇〇
	住所又は居所（法人の場合）本店又は主たる事務所の所在地	（〒144－××××） ◎（法人の場合のみ公表されます） 東京都大田区××××〇－〇－〇 （電話番号　03　－××××－××××）
	（フリガナ）	
	納税地	（〒　－　） 同上 （電話番号　－　－　）
	（フリガナ）	カブシキガイシャ　ニシホーム
	氏名又は名称	◎ 株式会社　西ホーム
	（フリガナ）	ニシグチ　ユキオ
	（法人の場合）代表者氏名	西口　幸雄
	法人番号	〇〇〇〇〇〇〇〇〇〇〇〇〇

この申請書に記載した次の事項（◎印欄）は、適格請求書発行事業者登録簿に登載されるとともに、国税庁ホームページで公表されます。
1　申請者の氏名又は名称
2　法人（人格のない社団等を除く。）にあっては、本店又は主たる事務所の所在地
なお、上記１及び２のほか、登録番号及び登録年月日が公表されます。
また、常用漢字等を使用して公表しますので、申請書に記載した文字と公表される文字とが異なる場合があります。

下記のとおり、適格請求書発行事業者としての登録を受けたいので、消費税法第57条の２第２項の規定により申請します。

事業者区分	この申請書を提出する時点において、該当する事業者の区分に応じ、□にレ印を付してください。 ※　次葉「登録要件の確認」欄を記載してください。また、免税事業者に該当する場合には、次葉「免税事業者の確認」欄も記載してください（詳しくは記載要領等をご確認ください。）。	
	□　課税事業者（新たに事業を開始した個人事業者又は新たに設立された法人等を除く。）	
	□　免税事業者（新たに事業を開始した個人事業者又は新たに設立された法人等を除く。）	
	☑　新たに事業を開始した個人事業者又は新たに設立された法人等	
	☑　事業を開始した日の属する課税期間の初日から登録を受けようとする事業者 ※　課税期間の初日が令和５年９月30日以前の場合の登録年月日は、令和５年10月１日となります。	課税期間の初日 令和 5 年 10 月 9 日
	□　上記以外の課税事業者	
	□　上記以外の免税事業者	
税理士署名	（電話番号　－　－　）	

※税務署処理欄	整理番号		部門番号		申請年月日　年　月　日	通信日付印　年　月　日	確認
	入力処理　年　月　日		番号確認		身元確認　□ 済　□ 未済	確認書類　個人番号カード／通知カード・運転免許証　その他（　）	
	登録番号　T						

注意　1　記載要領等に留意の上、記載してください。
2　税務署処理欄は、記載しないでください。
3　この申請書を提出するときは、「適格請求書発行事業者の登録申請書（次葉）」を併せて提出してください。

この申請書は、令和五年十月一日から令和十二年九月二十九日までの間に提出する場合に使用します。

第１－(3)号様式次葉

国内事業者用

適格請求書発行事業者の登録申請書（次葉）

【2／2】

氏名又は名称	株式会社 西ホーム

この申請書は、令和五年十月一日から令和十二年九月二十九日までの間に提出する場合に使用します。

免税事業者の確認

該当する事業者の区分に応じ、□にレ印を付し記載してください。

☑ 令和11年９月30日までの日の属する課税期間中に登録を受け、所得税法等の一部を改正する法律（平成28年法律第15号）附則第44条第４項の規定の適用を受けようとする事業者
※ 登録開始日から納税義務の免除の規定の適用を受けないこととなります。

個人番号				
事業内容等	生年月日（個人）又は設立年月日（法人）	1明治・2大正・3昭和・4平成・(5令和) 5 年 10 月 9 日	法人のみ記載 事業年度	自 4 月 1 日 至 3 月 31 日
			資本金	5,000,000 円
	事業内容	不動産	登録希望日	令和 5 年 12 月 1 日

□ 消費税課税事業者（選択）届出書を提出し、納税義務の免除の規定の適用を受けないこととなる翌課税期間の初日から登録を受けようとする事業者
※ この場合、翌課税期間の初日から起算して15日前の日までにこの申請書を提出する必要があります。

翌課税期間の初日　令和　　年　　月　　日

□ 上記以外の免税事業者

登録要件の確認

課税事業者です。 ※ この申請書を提出する時点において、免税事業者であっても、「免税事業者の確認」欄のいずれかの事業者に該当する場合は、「はい」を選択してください。	☑ はい □ いいえ
納税管理人を定める必要のない事業者です。 （「いいえ」の場合は、次の質問にも答えてください。）	☑ はい □ いいえ
（納税管理人を定めなければならない場合（国税通則法第117条第１項） 【個人事業者】 国内に住所及び居所（事務所及び事業所を除く。）を有せず、又は有しないこととなる場合 【法人】 国内に本店又は主たる事務所を有しない法人で、国内にその事務所及び事業所を有せず、又は有しないこととなる場合）	
納税管理人の届出をしています。 ［「はい」の場合は、消費税納税管理人届出書の提出日を記載してください。 消費税納税管理人届出書 （提出日：令和　　年　　月　　日）］	□ はい □ いいえ
消費税法に違反して罰金以上の刑に処せられたことはありません。 （「いいえ」の場合は、次の質問にも答えてください。）	☑ はい □ いいえ
その執行を終わり、又は執行を受けることがなくなった日から２年を経過しています。	□ はい □ いいえ

相続による事業承継の確認

相続により適格請求書発行事業者の事業を承継しました。 （「はい」の場合は、以下の事項を記載してください。）	□ はい □ いいえ

適格請求書発行事業者の死亡届出書	提出年月日 令和　　年　　月　　日	提出先税務署	税務署
被相続人 死亡年月日	令和　　年　　月　　日		
（フリガナ） 納税地	（〒　　－　　）		
（フリガナ） 氏名			
登録番号	T		

参考事項	

5 法人を設立した時の労働保険・社会保険の届出について知っておこう

労働保険、雇用保険、社会保険に加入する必要がある

株式会社を設立した場合に必要な手続き

会社を設立した場合、労働保険と社会保険の加入手続きをしなければなりません。会社を設立したとしても、原則として自動的に役所の方から提出期限までに届出をすることを知らせてくるわけではないので、事業者の方から担当の役所に知らせる必要があります。

労働保険とは、労働者災害補償保険（労災保険）と雇用保険を合わせた総称です。労災保険は、通勤中や業務中にケガや病気になった際、従業員や遺族を保護するために必要な保険給付を行うものです。雇用保険は、従業員が失業した場合に、従業員の生活の安定を図り、再就職を促進するために必要な給付を行うものです。

社会保険とは、健康保険、厚生年金保険、国民年金、国民健康保険、介護保険の総称です。会社を起業する場合、健康保険と厚生年金保険の加入手続きが必要です。健康保険は、被保険者とその家族が病気やケガをした場合（仕事中と通勤途中を除く）に必要な医療費の補助を行う制度です。厚生年金保険とは、被保険者が高齢になり働けなくなったときや、体に障害が残ったとき、死亡したとき（遺族の所得保障）などに年金や一時金の支給を行う制度です。労災保険、雇用保険、健康保険、厚生年金保険のどの手続きを行うかによって届出先は異なってきますので注意が必要です。

・労災保険の加入手続き

設立後、最初に労災保険への加入手続きを行います。会社を設立して、労働者を１人でも採用した場合、その会社は強制加入になります。労災保険を担当する役所は労働基準監督署です。労働者を雇い入れた

場合、その事業は「適用事業」に該当することになるので、労働基準監督署へ適用事業報告をします。そこで、会社を設立した場合、原則として、保険関係成立の日（労働者を１人でも採用した日）の翌日から10日以内に、「労働保険保険関係成立届」を設立した会社の所在地を管轄する労働基準監督署（長）に提出します。また、労働保険の保険料は概算で前払いすることになっています。そのため、「労働保険関係成立届」を提出するときは、同時に「労働保険概算保険料申告書」（労働保険概算・増加概算・確定保険料申告書）も提出します。この申告書の提出期限と保険料の納付期限は、保険関係が成立した日の翌日から50日以内です。労働基準監督署に何度も足を運ぶ手間を省くために保険関係成立届と同時に提出するようにします。

なお、法人の場合は、「労働保険保険関係成立届」に添付する書類に登記事項証明書があります。添付書類については事前に確認しておくことが必要です。

労災保険でいう労働者には、正社員はもちろん、パートタイマーやアルバイト、日雇労働者などのすべての労働者が含まれます。また、外国人についても原則として適用されます。労災保険は、使用者との関係では弱者という立場になりがちな労働者を保護するための保険制度ですから、労働者の雇用形態に関係なく適用されます。

■ 公的保険のしくみ

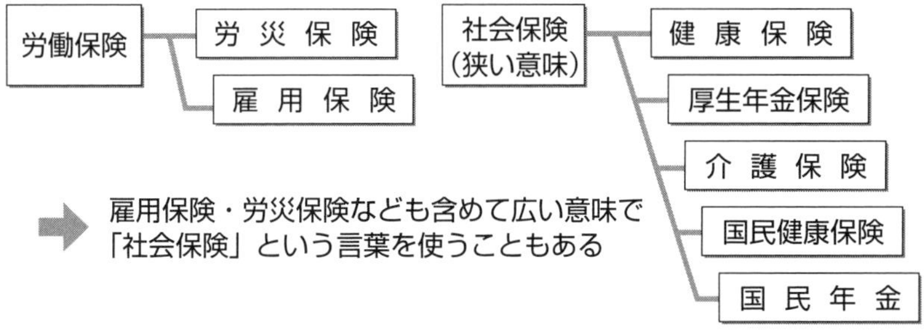

なお、役員として登記されている人で、代表取締役、専務取締役、常務取締役、監査役等は、原則として労災保険に入れません。

・雇用保険の加入手続き

労災保険の加入手続き終了後、所轄の公共職業安定所（ハローワーク）に、雇用保険適用事業所設置届を提出します。この届出には労働基準監督署で返却してもらった「労働保険保険関係成立届」の控え（事業主控）を添付する必要があります。適用事業所設置届の提出期限は、会社を設立して、雇用保険の加入義務のある労働者を雇った日の翌日から10日以内です。また、「雇用保険被保険者資格取得届」も提出します。なお、「雇用保険適用事業所設置届」「雇用保険被保険者資格取得届」と共に提出する添付書類の代表例として以下のものがあります。

① 登記事項証明書

② 労働者名簿

③ 賃金台帳

④ 出勤簿

⑤ 雇用契約書（有期雇用労働者の場合）

なお、役員として登記されている人で、代表取締役、専務取締役、常務取締役、監査役等は、原則として雇用保険に入れません。

・社会保険の加入手続き

会社を設立した場合は、労働者が１人もいなくても（社長１人だけの会社であっても）、その会社は社会保険（健康保険と厚生年金保険のこと）に加入する義務があります。この点が、従業員が５人以上になったときに初めて社会保険への加入義務が生じる個人開業と大きく異なるところです。

加入の手続きをするときは、「健康保険厚生年金保険新規適用届」「健康保険厚生年金保険保険料口座振替納付申出書」を提出します。提出先は所轄の年金事務所です。また、加入者（加入後は「被保険者」と呼びます）についての「健康保険厚生年金保険被保険者資格取得届」も同時に提出します。加入者に配偶者や子などの被扶養者がいる場合は、健康保険被扶養者（異動）届を提出します。

さらに、届出に添付する書類の代表例として以下のものがあります。

① 登記事項証明書

② 住民票の写し

③ 年金手帳または基礎年金番号通知書

④ 健康保険被扶養者届には、続柄確認のための戸籍謄本または住民票、収入要件確認のための課税（非課税）証明書など

社会保険料は労働保険料に比べて保険料負担が重いため、保険料を滞納することも考えられます。そこで、年金事務所がその事業所が社会保険に加入した場合、保険料を支払い続けることができるかどうか（きちんと賃金の支払いがなされているかまたは十分な売上があるかどうか）を見極めてから加入させるようにしているのです。

合同会社を設立した場合に必要な手続き

合同会社も株式会社と同様、多かれ少なかれ労働者を雇うのが通常です。このため、株式会社と同様に、労災保険、雇用保険及び社会保険への加入は必要です。

代表社員は原則として、労災保険や雇用保険には入れません。代表社員以外の社員は株式会社と同じく加入できます。社会保険には、株式会社と同様で代表社員一人でも加入しなければなりません。

一般社団法人を設立した場合に必要な手続き

一般社団法人も、株式会社と同様、労働者を雇えば、労災保険、雇用保険及び社会保険への加入は必要です。

また、役員は原則として労災保険・雇用保険の対象にはなりません。

■ 株式会社などの法人を設立した場合の社会保険関係の届出 …

届書・申請書名	提出者	提出期限	提出先
健康保険・厚生年金保険 新規適用届	事業主	会社設立から 5日以内	所轄の 年金事務所
健康保険・厚生年金保険 被保険者資格取得届	事業主	社会保険の 被保険者に該当 する人を雇った 日から5日以内	所轄の 年金事務所
健康保険被扶養者(異動)届 (国民年金第3号被保険者 関係届)	被保険者 (事業主経由)	その該当事実の 発生から5日 以内	所轄の 年金事務所
労働保険保険関係成立届	事業主	労働者を 雇った日の 翌日から 10日以内	所轄の 労働基準 監督署
労働保険概算保険料申告書	事業主	労働者を 雇った日の 翌日から 50日以内	所轄の 労働基準 監督署
雇用保険適用事業所設置届	事業主	労働者を 雇った日の 翌日から 10日以内	所轄の公共 職業安定所
雇用保険被保険者資格 取得届	事業主	労働者を 雇った日の 翌月10日まで	所轄の公共 職業安定所

書式　労働保険　保険関係成立届

様式第１号（第４条、第64条、附則第２条関係）（１）（表面）

提出用

労働保険
0：保険関係成立届（継続）（事務処理委託届）
1：保険関係成立届（有期）
2：任意加入申請書（事務処理委託届）

⑯種別　3 1 6 0 0

令和５年　７月　５日

品川　~~労働局長~~　労働基準監督署長　~~公共職業安定所長~~　殿

下記のとおり　（イ）届けます。（31600又は31601のとき）
~~（ロ）労災保険~~　~~（ハ）雇用保険~~　の加入を申請します。（31602のとき）

①事業主　住所又は所在地	品川区五反田1-2-3
①事業主　氏名又は名称	株式会社 緑商会
②事業　所在地	郵便番号 141－0000 品川区五反田1-2-3 電話番号 03-3321-1123 番
②事業　名称	株式会社 緑商会
③事業の概要	衣料品の 小売業
④事業の種類	小売業
⑤加入済の労働保険	（イ）労災保険 （ロ）雇用保険
⑥保険関係成立年月日	（労災）令和５年７月１日 （雇用）令和５年７月１日
⑦雇用保険被保険者数	一般・短期　２人 日雇　０人
⑧賃金総額の見込額	25,000 千円
⑨委託事務組合　所在地	郵便番号 電話番号　－　－　番
⑨委託事務組合　名称	
⑨委託事務組合　代表者氏名	
⑩委託事務内容	
⑪事業開始年月日	年　月　日
⑫事業廃止等年月日	年　月　日
⑬建設の事業の請負金額	円
⑭立木の伐採の事業の素材見込生産量	立方メートル
⑮発注者　住所又は所在地	郵便番号
⑮発注者　氏名又は名称	電話番号　－　－　番

※修正項目番号　※漢字修正項目番号

※労働保険番号　都道府県　所掌　管轄（1）　基幹番号　枝番号　（項1）

事業所

⑰住所（カナ）
郵便番号　141－0000（項2）
住所　市・区・郡名　シナガ゛ワク（項3）
住所（つづき）町村名　コ゛タンタ゛（項4）
住所（つづき）丁目・番地　1－2－3（項5）
住所（つづき）ビル・マンション名等（項6）

⑱住所（漢字）
住所　市・区・郡名　品川区（項7）
住所（つづき）町村名　五反田（項8）
住所（つづき）丁目・番地　1－2－3（項9）
住所（つづき）ビル・マンション名等（項10）

⑲名称・氏名（カナ）
名称・氏名　カフ゛シキカ゛イシャ（項11）
名称・氏名（つづき）ミト゛リショウカイ（項12）
名称・氏名（つづき）（項13）
電話番号（市外局番）03 －（市内局番）3321 －（番号）1123（項14）

⑳名称・氏名（漢字）
名称・氏名　株式会社（項15）
名称・氏名（つづき）緑商会（項16）
名称・氏名（つづき）（項17）

㉑保険関係成立年月日（31600又は31601のとき）
※任意加入認可年月日（31602のとき）（元号：令和は9）
元号 9 － 05年 － 07月 － 01日（項18）

㉒事務処理委託年月日（31600又は31602のとき）
事業終了予定年月日（31601のとき）（元号：令和は9）
元号 －　年 －　月 －　日（項19）

㉓常時使用労働者数　2人（項20）

※保険関係等区分（31600又は31602のとき）（項21）

㉔雇用保険被保険者数（31600又は31602のとき）　2人（項22）

※片保険理由コード（31600のとき）（項24）

㉕加入済労働保険番号（31600又は31602のとき）　都道府県　所掌　管轄（1）　基幹番号　枝番号（項25）

㉗適用済労働保険番号1　都道府県　所掌　管轄（1）　基幹番号　枝番号（項26）

㉘適用済労働保険番号2　都道府県　所掌　管轄（1）　基幹番号　枝番号（項27）

※雇用保険の事業所番号（31600又は31602のとき）（項28）

※府県区分（31600又は31602のとき）（項29）　※特掲コード（31600又は31602のとき）（項30）　※管轄(2)（31600のとき）（項31）　※業種（項32）　※産業分類（31600又は31602のとき）（項33）　※データ指示コード（項34）　※再入力区分（項35）

※修正項目（英数・カナ）

※修正項目（漢字）

事業主氏名（法人のときはその名称及び代表者の氏名）
株式会社 緑商会
代表取締役　鈴木 太郎

※受付年月日（元号：令和は9）　元号 －　年 －　月 －　日（項36）

㉙法人番号　9876543210987（項37）

(3.3)

書式　労働保険概算保険料申告書

様式第6号（第２４条、第２５条、第３３条関係）（甲）（1）

労働保険　概算・増加概算・確定保険料
石綿健康被害救済法　一般拠出金
申告書

下記のとおり申告します。

継続事業
（一括有期事業を含む。）

標準字体 0 1 2 3 4 5 6 7 8 9

第3片「記入に当たっての注意事項」をよく読んでから記入して下さい。
OCR枠への記入は上記の「標準字体」でお願いします。

提出用

種別　32700　※修正項目番号　※入力徴定コード（項1）

令和5年　7月5日

あて先 〒

東京労働局
労働保険特別会計歳入徴収官殿

※各種区分			
管轄(2)	保険関係等	業種	産業分類

①労働保険番号：都道府県｜所掌｜管轄｜基幹番号｜枝番号（項2）

②増加年月日（元号　令和は9）　元号－年－月－日（項3）

③事業廃止等年月日（元号　令和は9）　元号－年－月－日（項4）

※事業廃止等理由（項5）

④常時使用労働者数　2（項6）

⑤雇用保険被保険者数　2（項7）

※保険関係（項9）　※片保険理由コード（項10）

確定保険料算定内訳

⑦区分	算定期間　年　月　日　から　年　月　日　まで		
	⑧保険料　一般拠出金算定基礎額	⑨保険料・一般拠出金率	⑩確定保険料　一般拠出金額（⑧×⑨）
労働保険料	イ　千円（項11）	イ　1000分の	イ　円（項12）
労災保険分	ロ　千円（項13）	ロ　1000分の	ロ　円（項14）
雇用保険分	ホ　千円（項18）	ホ　1000分の	（ホ）　円（項19）
一般拠出金（注1）	（ヘ）　千円（項35）	（ヘ）　1000分の	（ヘ）　円（項36）

概算・増加概算保険料算定内訳

⑪区分	算定期間　令和5年7月1日　から　令和6年3月31日　まで		
	⑫保険料算定基礎額の見込額	⑬保険料率	⑭概算・増加概算保険料額（⑫×⑬）
労働保険料	イ　千円（項20）	イ　1000分の	イ　129500 円（項21）
労災保険分	ロ　7000 千円（項22）	ロ　1000分の 3	ロ　21000 円（項23）
雇用保険分	ホ　7000 千円（項26）	ホ　1000分の 15.5	ホ　108500 円（項27）

⑮事業主の郵便番号（変更のある場合記入）（項28）

⑯事業主の電話番号（変更のある場合記入）（項29）

⑰延納の申請　納付回数（項30）

※検算有無区分（項31）　※算調対象区分（項32）　※データ指示コード（項33）　※再入力区分（項34）　※修正項目

⑧⑩⑫⑭⑳の（ロ）欄の金額の前に「¥」記号を付さないで下さい。

⑱申告済概算保険料額	円
⑲申告済概算保険料額	円
㉑増加概算保険料額（⑭の（イ）－⑲）	円

⑳差引額			
（イ）充当額	（⑱－⑩の（イ））　円	（ハ）不足額	（⑩の（イ）－⑱）　円
（ロ）還付額	（⑱－⑩のイ）　円（項38）		

㉚充当意思（項37）　1 労働保険料のみに充当　2 一般拠出金のみに充当　3 労働保険料及び一般拠出金に充当

㉛法人番号（項39）

㉒期別納付額

第1期（初期）全期又は	（イ）概算保険料額（⑭の（イ）÷㉒＋次期以降の円未満端数）129,500円	（ロ）労働保険料充当額（⑳の（イ）（労働保険料分のみ））円	（ハ）不足額（⑳の（ハ））円	（ニ）今期労働保険料（（イ）－（ロ）又は（イ）＋（ハ））129,500円	（ホ）一般拠出金充当額（⑳の（イ）（一般拠出金分のみ））円	（ヘ）一般拠出金額（⑩の（ヘ）－⑳の（ホ））（注2）円	（ト）今期納付額（（ニ）＋（ヘ））129,500円
第2期	（チ）概算保険料額（⑭の（イ）÷㉒）円	（リ）労働保険料充当額（⑳の（イ）－㉒の（ロ））円	（ヌ）第2期納付額（（チ）－（リ））円				
第3期	（ル）概算保険料額（⑭の（イ）÷㉒）円	（ヲ）労働保険料充当額（⑳の（イ）－㉒の（ロ）－㉒の（リ））円	（ワ）第3期納付額（（ル）－（ヲ））円				

㉕事業又は作業の種類：衣料品の小売業（小売業）

㉓保険関係成立年月日：5年7月1日

㉔事業廃止等理由：(1)廃止　(2)委託　(3)個別　(4)労働者なし　(5)その他

㉖加入している労働保険：（イ）労災保険　（ロ）雇用保険

㉗特掲事業：（イ）該当する　（ロ）該当しない

㉘事業	
（イ）所在地	品川区五反田 1－2－3
（ロ）名称	株式会社 緑商会

㉙事業主	
郵便番号	141－0000
電話番号	（ 03 ） 3321 － 1123
（イ）住所（法人のときは主たる事務所の所在地）	品川区五反田 1－2－3
（ロ）名称	株式会社 緑商会
（ハ）氏名（法人のときはその代表者の氏名）	代表取締役 鈴木 太郎

社会保険労務士記載欄	作成年月日・提出代行者・事務代理者の表示	氏名	電話番号

（なるべく折り曲げないようにし、やむをえない場合には折り曲げマーク（▶）の所で折り曲げて下さい。）

（注2）一般拠出金は延納できません

（注1）石綿による健康被害の救済に関する法律第35条第1項に基づき、労災保険適用事業主から徴収する一般拠出金

きりとり線（1枚目はきりはなさないで下さい。）

書式　雇用保険適用事業所設置届

雇用保険適用事業所設置届

（必ず第２面の注意事項を読んでから記載してください。）

※　事業所番号

帳票種別：12001

1.法人番号（個人事業の場合は記入不要です。）：9876543210987

下記のとおり届けます。
公共職業安定所長　殿
令和5年7月5日

2.事業所の名称（カタカナ）：カブシキガイシャ

事業所の名称〔続き（カタカナ）〕：ミドリシヨウカイ

3.事業所の名称（漢字）：株式会社

事業所の名称〔続き（漢字）〕：緑商会

4.郵便番号：141－0000

5.事業所の所在地（漢字）※市・区・郡及び町村名：品川区五反田

事業所の所在地（漢字）※丁目・番地：1－2－3

事業所の所在地（漢字）※ビル、マンション名等：

6.事業所の電話番号（項目ごとにそれぞれ左詰めで記入してください。）：03－3321－1123
市外局番　市内局番　番号

7.設置年月日：5－050701（3 昭和 4 平成 5 令和）
元号　年　月　日

8.労働保険番号：13109654321000
府県　所掌　管轄　基幹番号　枝番号

（この用紙は、このまま機械で処理しますので、汚さないようにしてください。）

※ 公共職業安定所 記載欄	9.設置区分（1 当然 2 任意）	10.事業所区分（1 個別 2 委託）	11.産業分類	12.台帳保存区分（1 日雇被保険者のみの事業所 2 船舶所有者）

13. 事業主	(フリガナ) 住所（法人のときは主たる事務所の所在地）	シナガワクゴタンダ 品川区五反田１－２－３	17.常時使用労働者数		2 人
	(フリガナ) 名称	カブシキガイシャ　ミドリショウカイ 株式会社　緑商会	18.雇用保険被保険者数	一般	2 人
				日雇	0 人
	(フリガナ) 氏名（法人のときは代表者の氏名）	ダイヒョウトリシマリヤク　スズキ　タロウ 代表取締役　鈴木　太郎	19.賃金支払関係	賃金締切日	末 日
				賃金支払日	当・翌月（○）10日
14.事業の概要（漁業の場合は漁船の総トン数を記入すること）		小売業	20.雇用保険担当課名		総務 課 労務 係
15.事業の開始年月日	令和 5 年 7 月 1 日	※16.事業の廃止年月日　令和　年　月　日	21.社会保険加入状況		（健康保険）（厚生年金保険）（労災保険）

備考	※	所長	次長	課長	係長	係	操作者

（この届出は、事業所を設置した日の翌日から起算して10日以内に提出してください。）

2021.9

書式　雇用保険被保険者資格取得届

様式第2号（第6条関係）

雇用保険被保険者資格取得届

標準字体 0 1 2 3 4 5 6 7 8 9

（必ず第２面の注意事項を読んでから記載してください。）

帳票種別　19101

1.個人番号　210987654321

2.被保険者番号　□□□□-□□□□□□-□

3.取得区分　1（1 新規　2 再取得）

4.被保険者氏名　高橋　均

フリガナ（カタカナ）　タカハシ ヒトシ

5.変更後の氏名

フリガナ（カタカナ）

6.性別　1（1 男　2 女）

7.生年月日　3-580304（元号 年 月 日）（2 大正　3 昭和　4 平成　5 令和）

8.事業所番号　□□□□-□□□□□□-□

9.被保険者となったことの原因　2

1 新規雇用（新規学卒）
2 新規（その他）雇用
3 日雇からの切替
4 その他
8 出向元への復帰等（65歳以上）

10.賃金（支払の態様－賃金月額:単位千円）　1- 256（百万 十万 万 千円）（1 月給 2 週給 3 日給　4 時間給　5 その他）

11.資格取得年月日　5-050701（元号 年 月 日）（4 平成　5 令和）

12.雇用形態　3（1 日雇　2 派遣　3 パートタイム　4 有期契約労働者　5 季節的雇用　6 船員　7 その他）

13.職種　10（01～11）第２面参照

14.就職経路　1（1 安定所紹介　2 自己就職　3 民間紹介　4 把握していない）

15.１週間の所定労働時間　3000（時間 分）

16.契約期間の定め　2

1 有 ― 契約期間　□-□□□□□□（元号 年 月 日）から　□-□□□□□□（元号 年 月 日）まで（4 平成　5 令和）
契約更新条項の有無　□（1 有　2 無）
2 無

事業所名［株式会社　緑商会］　備考［　］

17欄から23欄までは、被保険者が外国人の場合のみ記入してください。

17.被保険者氏名（ローマ字）（アルファベット大文字で記入してください。）

被保険者氏名〔続き（ローマ字）〕

18.在留カードの番号（在留カードの右上に記載されている12桁の英数字）

19.在留期間　□□□□□□□□（西暦 年 月 日）まで

20.資格外活動の許可の有無　□（1 有　2 無）

21.派遣・請負就労区分　□（1 派遣・請負労働者として主として当該事業所以外で就労する場合　2 1に該当しない場合）

22.国籍・地域（　）

23.在留資格（　）

※公共職業安定所記載欄

24.取得時被保険者種類　□□（1 一般　2 短期常態　3 季節　11 高年齢被保険者(65歳以上)）

25.番号複数取得チェック不要　□（チェック･リストが出力されたが、調査の結果、同一人でなかった場合に「1」を記入。）

26.国籍・地域コード　□□□（22欄に対応するコードを記入）

27.在留資格コード　□□（23欄に対応するコードを記入）

雇用保険法施行規則第6条第1項の規定により上記のとおり届けます。

令和　5　年　7　月　5　日

住　所　品川区五反田１－２－３

事業主　氏　名　株式会社　緑商会
代表取締役　鈴木　太郎

電話番号　03－3321－1123

品川　公共職業安定所長　殿

社会保険労務士記載欄	作成年月日・提出代行者・事務代理者の表示	氏名	電話番号

※

所長		次長		課長		係長		係		操作者	

※備考

確認通知　令和　年　月　日

2021. 9

（この用紙は、このまま機械で処理しますので、汚さないようにしてください。）

書式　健康保険厚生年金保険新規適用届

様式コード			
2	1	0	1

健康保険
厚生年金保険　新規適用届

令和 5 年 7 月 5 日提出

受付印

事業主記入欄

事業所所在地	〒141－0000 (フリガナ) トウキョウト シナガワクゴタンダ 東京都品川区五反田1-2-3
事業所名称	(フリガナ)カブシキガイシャ ミドリショウカイ 株式会社　緑商会
電話番号	03（ 3321 ）1123

社会保険労務士記載欄
氏 名 等

事業所情報記入欄

① 事業主（または代表者）氏名	(フリガナ) スズキ　タロウ (氏) 鈴木　(名) 太郎	② 問合せ先担当者名（内線）	問合せ先担当者名 高橋	内線番号
③ 事業主（または代表者）住所	〒141－0000 東京都品川区五反田本町 2-2-2			
「事業主代理人有の場合」④ 事業主代理人氏名	(フリガナ) (氏)　(名)			
⑤ 事業主代理人住所	〒　－			
⑥ 業態区分（事業の種類）	20　事業の種類 衣料品の小売	⑦ 適用年月日（※記入不要）	9. 令和　年　月　日	
⑧ 個人・法人等区分	1. 法人事業所 2. 個人事業所 3. 国・地方公共団体	⑨ 法人番号等	1. 法人番号 2. 会社法人等番号	9876543210987
⑩ 本店・支店区分	1. 本店 2. 支店	⑪ 内・外国区分	1. 内国法人 2. 外国法人	⑫ 社会保険労務士名　社会保険労務士コード
⑬ 健康保険組合名称	(フリガナ) 健康保険組合	⑭ 厚生年金基金番号		厚生年金基金
⑮ 給与計算の締切日	末 日	⑯ 昇給月	04 月　月　月　月	⑰ 算定基礎届媒体作成　0. 必要（紙媒体）1. 不要（自社作成）2. 必要（電子媒体）
⑱ 給与支払日	当月 翌月 10 日	⑲ 賞与支払予定月	06 月 12 月　月　月	⑳ 賞与支払届媒体作成　0. 必要（紙媒体）1. 不要（自社作成）2. 必要（電子媒体）
㉑ 給与形態	1. 月給　5. 時間給 2. 日給　6. 年俸制 3. 日給月給　7. その他 4. 歩合給（　）	㉒ 諸手当の種類	1. 家族手当　5. 精勤手当 2. 住宅手当　6. 残業手当 3. 役付手当　7. その他 4. 通勤手当（　）	㉓ 現物給与の種類　1. 食事　5. その他 2. 住宅（　） 3. 被服 4. 定期券
㉔ 従業員情報	1. 従業員数(役員含む)　2 人		2. 社会保険に加入する従業員数　2 人	
	3. 社会保険に加入しない従業員について ※ ㋑～㋓については平均的な勤務日数および勤務時間を記入してください。		㋐ 役員　人［報酬（0. 無 ／ 1. 有）・常勤（　人)・非常勤(　人)］ ㋑ 嘱託職員等　人［1月　日・1週　時間］ ㋒ パート　人［1月　日・1週　時間］ ㋓ アルバイト　人［1月　日・1週　時間］	
㉕ 所定労働日数 所定労働時間	1月 22 日・1週 40 時間 00 分			
㉖ 備考				

書式　健康保険厚生年金保険保険料口座振替納付申出書

様式コード
2593

健康保険 厚生年金保険 保険料口座振替納付（変更）申出書

＿＿＿＿年金事務所長 あて　　令和 5 年 7月 5日提出

提出者記入欄

事業所整理記号	— 　事業所番号（告知番号）
事業所所在地	〒 141 - 0000 品川区五反田 1－2－3
（フリガナ）事業所名称	株式会社《カブシキガイシャ》　緑商会《ミドリ ショウカイ》
（フリガナ）事業主氏名	代表取締役《ダイヒョウトリシマリヤク》　鈴木《スズキ》　太郎《タロウ》
電話番号	03　（3321）1123

日本年金機構

私は、下記により保険料等を口座振替によって納付したいので、保険料額等必要な事項を記載した納入告知書は、指定の金融機関あてに送付してください。

納入告知（納付）書をお持ちの場合は、記載されている事業所整理記号等をご記入ください。事業主氏名の欄には、肩書と氏名をご記入ください。

1. 振替事由　　該当する項目に○をつけてください。
※複写となっていますので、○をつける際は、強めにご記入ください。

A 事由	振替事由区分	①新規 2. 変更

2. 指定預金口座　口座振替を希望する金融機関（納入告知書送付先）インターネット専業銀行等、一部お取り扱いできない金融機関があります。
・太枠内に必要事項を記入、押印してください。（銀行等またはゆうちょ銀行のいずれかを選んでご記入ください。）
・預金口座は、年金事務所へお届けの所在地、名称、事業主氏名と口座名義が同一のものをご指定ください。

B 指定預金口座

銀行区分					
銀行等（ゆうちょ銀行を除く）	金融機関名	とびうお　①銀行 2.信用金庫 3.信用組合 4.労働金庫 5.農協 6.漁協	五反田　1.本店 ②支店 3.本所 4.支所		
	預金種別	①普通 2.当座	口座番号（右詰めで記入） 1234567	金融機関コード	支店コード
ゆうちょ銀行	通帳記号	1　　0－	通帳番号（右詰めで記入）		

お届け印
銀行区分に関わらず 2枚目に 押印してください

3. 対象保険料等　　健康保険料、厚生年金保険料および子ども・子育て拠出金
4. 振替納付指定日　　納期の最終日（休日の場合は翌営業日）

注）1. 口座振替を希望する金融機関、指定預金口座等を変更するときは、ただちに、この用紙によりご提出ください。
2. 提出された時期により、振替開始月が翌月以降になることがありますのでご了承ください。

金融機関の確認欄

1枚目（年金事務所用）

機構使用欄	

書式　健康保険厚生年金保険被保険者資格取得届

様式コード
2200

健康保険
厚生年金保険　**被保険者資格取得届**
厚生年金保険　**70歳以上被用者該当届**

令和 5 年 7 月 5 日提出

受付印

提出者記入欄

事業所整理記号	-
事業所番号	
	届書記入の個人番号に誤りがないことを確認しました。
事業所所在地	〒 141-0000 東京都品川区五反田1-2-3
事業所名称	株式会社 緑商会
事業主氏名	代表取締役　鈴木　太郎
電話番号	03（3321）1123

社会保険労務士記載欄
氏　名　等

被保険者1

① 被保険者整理番号	
② 氏名	(ﾌﾘｶﾞﾅ) ホンジョウ　タカシ (氏) 本上　(名) 貴志
③ 生年月日	⑤.昭和（○）　7.平成　9.令和　550114 （年 月 日）
④ 種別	①.男（○）　2.女　3.坑内員　5.男（基金）　6.女（基金）　7.坑内員（基金）
⑤ 取得区分	①健保・厚年（○）　3.共済出向　4.船保任継
⑥ 個人番号〔基礎年金番号〕	123456789012
⑦ 取得（該当）年月日	9.令和　050701 （年 月 日）
⑧ 被扶養者	0.無　①.有（○）
⑨ 報酬月額	㋐（通貨）300,000円　㋑（現物）0円　㋒（合計 ㋐+㋑）300000円
⑩ 備考	該当する項目を○で囲んでください。 1. 70歳以上被用者該当　2. 二以上事業所勤務者の取得　3. 短時間労働者の取得（特定適用事業所等）　4. 退職後の継続再雇用者の取得　5. その他（　　）
⑪ 住所	日本年金機構に提出する際、個人番号を記入した場合は、住所記入は不要です。 〒　―　(ﾌﾘｶﾞﾅ) 理由：1. 海外在住　2. 短期在留　3. その他（　　）

被保険者2

① 被保険者整理番号	
② 氏名	(ﾌﾘｶﾞﾅ) タカハシ　ヒトシ (氏) 高橋　(名) 均
③ 生年月日	⑤.昭和（○）　7.平成　9.令和　580304 （年 月 日）
④ 種別	①.男（○）　2.女　3.坑内員　5.男（基金）　6.女（基金）　7.坑内員（基金）
⑤ 取得区分	①健保・厚年（○）　3.共済出向　4.船保任継
⑥ 個人番号〔基礎年金番号〕	210987654321
⑦ 取得（該当）年月日	9.令和　050701 （年 月 日）
⑧ 被扶養者	⓪.無（○）　1.有
⑨ 報酬月額	㋐（通貨）256,000円　㋑（現物）0円　㋒（合計 ㋐+㋑）256000円
⑩ 備考	該当する項目を○で囲んでください。 1. 70歳以上被用者該当　2. 二以上事業所勤務者の取得　3. 短時間労働者の取得（特定適用事業所等）　4. 退職後の継続再雇用者の取得　5. その他（　　）
⑪ 住所	日本年金機構に提出する際、個人番号を記入した場合は、住所記入は不要です。 〒　―　(ﾌﾘｶﾞﾅ) 理由：1. 海外在住　2. 短期在留　3. その他（　　）

被保険者3

① 被保険者整理番号	
② 氏名	(ﾌﾘｶﾞﾅ) (氏)　(名)
③ 生年月日	5.昭和　7.平成　9.令和　年 月 日
④ 種別	1.男　2.女　3.坑内員　5.男（基金）　6.女（基金）　7.坑内員（基金）
⑤ 取得区分	1.健保・厚年　3.共済出向　4.船保任継
⑥ 個人番号〔基礎年金番号〕	
⑦ 取得（該当）年月日	9.令和　年 月 日
⑧ 被扶養者	0.無　1.有
⑨ 報酬月額	㋐（通貨）円　㋑（現物）円　㋒（合計 ㋐+㋑）円
⑩ 備考	該当する項目を○で囲んでください。 1. 70歳以上被用者該当　2. 二以上事業所勤務者の取得　3. 短時間労働者の取得（特定適用事業所等）　4. 退職後の継続再雇用者の取得　5. その他（　　）
⑪ 住所	日本年金機構に提出する際、個人番号を記入した場合は、住所記入は不要です。 〒　―　(ﾌﾘｶﾞﾅ) 理由：1. 海外在住　2. 短期在留　3. その他（　　）

被保険者4

① 被保険者整理番号	
② 氏名	(ﾌﾘｶﾞﾅ) (氏)　(名)
③ 生年月日	5.昭和　7.平成　9.令和　年 月 日
④ 種別	1.男　2.女　3.坑内員　5.男（基金）　6.女（基金）　7.坑内員（基金）
⑤ 取得区分	1.健保・厚年　3.共済出向　4.船保任継
⑥ 個人番号〔基礎年金番号〕	
⑦ 取得（該当）年月日	9.令和　年 月 日
⑧ 被扶養者	0.無　1.有
⑨ 報酬月額	㋐（通貨）円　㋑（現物）円　㋒（合計 ㋐+㋑）円
⑩ 備考	該当する項目を○で囲んでください。 1. 70歳以上被用者該当　2. 二以上事業所勤務者の取得　3. 短時間労働者の取得（特定適用事業所等）　4. 退職後の継続再雇用者の取得　5. その他（　　）
⑪ 住所	日本年金機構に提出する際、個人番号を記入した場合は、住所記入は不要です。 〒　―　(ﾌﾘｶﾞﾅ) 理由：1. 海外在住　2. 短期在留　3. その他（　　）

協会けんぽご加入の事業所様へ
※　７０歳以上被用者該当届のみ提出の場合は、「⑩備考」欄の「１.７０歳以上被用者該当」および「５.その他」に○をし、「５.その他」の（　）内に「該当届のみ」とご記入ください（この場合、健康保険被保険者証の発行はありません）。

書式　健康保険　被扶養者（異動）届・国民年金　第3号被保険者関係届

様式コード		健康保険	被扶養者（異動）届
2202	協会管掌事業所用	国民年金	第3号被保険者関係届

令和 5 年 7 月 5 日提出

事業主記入欄

事業所整理記号	－
	届出記入の個人番号（基礎年金番号）に誤りがないことを確認しました。
事業所所在地	〒141－0000 品川区五反田1－2－3
事業所名称	株式会社 緑商会
事業主氏名	代表取締役 鈴木 太郎
電話番号	03（ 3321 ）1123
事業主確認欄	事業主が確認した場合に○で囲んでください。 1.確認（○） 収入に関する証明の添付が省略されている者は、所得税法上の控除対象配偶者・扶養親族であることを確認しました。
事業主等受付年月日	令和 5 年 7 月 5 日

受付印

厚生年金被保険者の配偶者にかかる届出の記載がある場合、同時に『国民年金第3号被保険者関係届』として受理し、配偶者を第3号被保険者に、第2号被保険者を配偶者として読み替えます。

社会保険労務士記載欄　氏名等

A．被保険者欄

① 被保険者整理番号		② 氏名	（フリガナ）ホンジョウ　タカシ （氏）本上　（名）貴志
③ 生年月日	（5.昭和）7.平成 9.令和　55 年 01 月 14 日	④ 性別	（1.男） 2.女
⑤ 個人番号［基礎年金番号］	123456789012		
⑥ 取得年月日	5.昭和 7.平成 （9.令和）　05 年 07 月 01 日	⑦ 収入（年収）	400万円
⑧ 住所	個人番号を記入した場合は、住所記入は不要です。〒　－		

※事業主が、認定を受ける方の続柄を裏面(a)の書類で確認した場合は、B欄⑮ 又はC欄⑯の「※続柄確認済み」の□に✓を付してください。 添付書類については裏面(a)(b)参照）

配偶者が被扶養者（第3号被保険者）になった場合は「該当」、被扶養者でなくなった場合は「非該当」、変更の場合は「変更」を○で囲んでください。

B．配偶者である被扶養者（第3号被保険者）欄

① 氏名	第3号被保険者に関し、この届書記載のとおり届出します。 令和 5 年 11 月 5 日 （フリガナ）ホンジョウ アヤ カ （氏 名）本上 彩花 ※第3号被保険者関係届の提出は配偶者（第2号被保険者）に委任します ✓□	② 生年月日	（5.昭和）7.平成 9.令和　56 年 04 月 03 日
③ 性別（続柄）	1.夫 （2.妻） 3.夫（未届） 4.妻（未届）	④ 個人番号［基礎年金番号］	123405678912
⑤ 外国籍		⑥ 外国人通称名	（フリガナ）
⑦ 住所	（1.同居） 2.別居　〒 111－0001 東京都目黒区東7－3－19	⑧ 電話番号	（1.自宅） 2.携帯 3.勤務先 4.その他　03（5678）1234
（1.該当） ⑨ 被扶養者（第3号被保険者）になった日	9.令和 05 年 07 月 01 日	⑩ 理由	（1.配偶者の就職） 2.婚姻 3.離職 4.収入減少 5.その他（　）
⑪ 職業	1.無職 （2.パート） 3.年金受給者 4.その他（　）	⑫ 収入（年収）	100万円
2.非該当 3.変更 ⑬ 被扶養者（第3号被保険者）でなくなった日	9.令和 年 月 日	⑭ 理由	1.死亡（令和 年 月 日） 2.離婚 3.就職・収入増加 4.75歳到達 5.障害認定（　） 6.その他（　）
右の⑯～⑲欄は、海外居住者又は海外から国内に転入した場合のみ、記入してください。 1.海外特例要件該当 ⑯ 海外特例要件に該当した日	9.令和 年 月 日	⑰ 理由	1.留学 2.同行家族 3.特定活動 4.海外婚姻 5.その他（　）
2.海外特例要件非該当 ⑱ 海外特例要件に非該当となった日	9.令和 年 月 日	⑲ 理由	1.国内転入（令和 年 月 日） 2.その他（　）
⑮ 備考	※続柄確認済み ☑	種別	31

⑳ 被扶養者でない配偶者を有するときに記入してください。	配偶者の収入（年収）	円

配偶者以外の方が被扶養者になった場合は「該当」、被扶養者でなくなった場合は「非該当」、変更の場合は「変更」を○で囲んでください。

C．その他の被扶養者欄1

① 氏名	（フリガナ）ホンジョウ　リク （氏）本上　（名）陸	② 生年月日	5.昭和 （7.平成） 9.令和　19 年 10 月 13 日
③ 性別	（1.男） 2.女	⑤ 個人番号	123456789098
④ 続柄	（1.実子・養子） 2.1以外の子 3.父母・養父母 4.義父母 5.弟妹 6.兄姉 7.祖父母 8.曽祖父母 9.孫 10.その他（　）		
⑥ 住所	（1.同居） 2.別居　〒　－	⑦ 海外特例要件	右の⑦～⑨欄は、海外居住者又は海外から国内に転入した場合のみ、記入してください。 1.海外特例要件該当 2.海外特例要件非該当
⑧ 理由	1.留学 2.同行家族 3.特定活動 4.海外婚姻 5.その他（　）	⑨ 理由	1.国内転入（令和 年 月 日） 2.その他（　）
（1.該当） ⑩ 被扶養者になった日	9.令和 05 年 07 月 01 日	⑪ 職業	1.無職 2.パート 3.年金受給者 4.小・中学生以下 5.（高）・大学生（ 1 年生） 6.その他（　）
⑫ 収入（年収）	0円	⑬ 理由	1.出生 2.離職 3.収入減 4.同居 （5.その他）（親の就職）
2.非該当 3.変更 ⑭ 被扶養者でなくなった日	9.令和 年 月 日	⑮ 理由	1.死亡 2.就職 3.収入増加 4.75歳到達 5.障害認定 6.その他（　）
⑯ 備考	※続柄確認済み ☑		

C．その他の被扶養者欄2

① 氏名	（フリガナ）ホンジョウ　ハルナ （氏）本上　（名）陽菜	② 生年月日	5.昭和 （7.平成） 9.令和　21 年 02 月 25 日
③ 性別	1.男 （2.女）	⑤ 個人番号	123456789097
④ 続柄	（1.実子・養子） 2.1以外の子 3.父母・養父母 4.義父母 5.弟妹 6.兄姉 7.祖父母 8.曽祖父母 9.孫 10.その他（　）		
⑥ 住所	（1.同居） 2.別居　〒　－	⑦ 海外特例要件	右の⑦～⑨欄は、海外居住者又は海外から国内に転入した場合のみ、記入してください。 1.海外特例要件該当 2.海外特例要件非該当
⑧ 理由	1.留学 2.同行家族 3.特定活動 4.海外婚姻 5.その他（　）	⑨ 理由	1.国内転入（令和 年 月 日） 2.その他（　）
（1.該当） ⑩ 被扶養者になった日	9.令和 05 年 07 月 01 日	⑪ 職業	1.無職 2.パート 3.年金受給者 （4.小・中学生以下） 5.高・大学生（ 年生） 6.その他（　）
⑫ 収入（年収）	0円	⑬ 理由	1.出生 2.離職 3.収入減 4.同居 （5.その他）（親の就職）
2.非該当 3.変更 ⑭ 被扶養者でなくなった日	9.令和 年 月 日	⑮ 理由	1.死亡 2.就職 3.収入増加 4.75歳到達 5.障害認定 6.その他（　）
⑯ 備考	※続柄確認済み ☑		

※被扶養者の「該当」と「非該当（変更）」は同時に提出できません。「該当」、「非該当」、「変更」はそれぞれ別の用紙で提出してください。

扶養に関する申立書（添付書類の内容について補足する事項がある場合に記入してください）

申立の事実に相違ありません。　氏名

6 株式会社の役員変更登記について知っておこう

法人の重要事項に変更がある場合は、変更登記が必要になる

株式会社の変更登記とは

登記には会社の情報を公開する役目があります。したがって、登記の内容は常に最新のものでなければなりません。そのため、会社の商号（社名）、会社の目的、会社の本店（住所）、取締役（代表取締役）などを変更した場合には、変更の登記をします。ここでは、よく利用される変更登記として、役員の変更登記、本店の移転登記及び商号の変更登記をとりあげます。なお、変更登記の申請は、変更があったときから、２週間以内に本店の所在地で行います。この期間内に登記の申請をすることを怠った場合には、代表者個人が100万円以下の過料を課されることがあります。

どんな場合に役員変更登記をするのか

株式会社の役員には、取締役、代表取締役、監査役などがいます。

役員の変更について登記をしなくてはならない場合とは、①役員が会社の解散以外の理由で退任した場合、②役員が新たに就任した場合、③役員が重任（再任）した場合、④婚姻などにより役員の氏名に変更があった場合、⑤代表取締役の住所に変更があった場合、などです。

上記③で重任という言葉が出てきましたが、ここで重任について簡単に説明しておきましょう。

任期満了により退任すると同時に再選されて就任することを、重任といいます。重任があった場合は、その旨を登記しなければなりません。任期の満了に伴う再選の場合でも、任期満了の日と再選就任の日との間に、何日か間がある場合には、退任すると同時に再選されて就

任したわけではないので、重任にはあたりません。

役員について登記すべき事項とは

役員について登記すべき事項としては、取締役や監査役の氏名がまず挙げられます。代表取締役は氏名の他、住所も登記します。なお、取締役会非設置会社で、取締役の中から代表取締役を選任していない場合は、全員が代表取締役となります。取締役が１人しかいない場合は、その取締役が当然に代表取締役となります。

役員の変更登記の申請は、変更があったときから、本店の所在地で２週間以内にする必要があります。この期間内に登記の申請をすることを怠った場合には、100万円以下の過料を課されることになります。

登記期間は、役員の就任の場合、選任決議などが効力を生じた日と就任の承諾が効力を生じた日のどちらか遅いときから起算します。役員の任期が必ず選任のときから起算されるのと異なりますので、この点、注意が必要です。辞任の場合は、辞任が効力を生じたときから起算します。「辞任が効力を生じたとき」とは、通常、辞任の意思が会社に到達したときです。

次に、取締役、代表取締役または監査役の任期満了または辞任による退任で法律・定款に定める員数（人数）を欠くことになる場合は、退任の登記期間は後任者の就任の日から起算します。任期満了もしくは辞任によって退任しても、法律もしくは定款に定める員数を欠く場合は、後任者が選任され、就任するまでは、役員としての権利義務を有するため、後任者が就任するまでその退任の登記はできないからです。

7 株式会社のその他の重要事項の変更登記について知っておこう

定款変更の手続きが必要になる

本店移転には３つのパターンがある

本店（本社）を移転しようというとき注意したいのは、３つのパターンがあることです。それぞれのパターンごとに登記申請手続きの流れが違います。本店移転のパターンは、移転先が同じ法務局の管轄区域内にあるかどうか、移転にあたり定款の変更を必要とするかしないかにより、次の３つに分けることができます。

① 同じ法務局の管轄区域内において移転する場合であり、かつ定款の変更を必要としない場合
② 同じ法務局の管轄区域内において移転する場合であり、かつ定款の変更を必要とする場合
③ 他の法務局の管轄区域へ移転する場合（このパターンはすべて定款の変更を伴います）

特に①②のパターンと③のパターンでは、申請書の書式、添付書類、登録免許税について大きな違いがありますので注意して下さい。

定款変更の手続きが必要

本店の所在地は定款の絶対的記載事項（必ず記載しなければならず、記載がなければ定款全体が無効になる事項）ですから、本店移転にあたっては定款変更の手続きが必要になる場合があります。定款を変更するには株主総会を開き、特別決議を経なければなりませんが、その要件は、議決権を行使できる株主の議決権の過半数にあたる株主が出

席し、その議決権の３分の２以上の賛成が必要とされています。

定款変更を必要とする場合、しない場合

定款には必ず本店所在地が記載されていますが、その記載の仕方は２通りあります。

① 本店を具体的に所在地番まで記載している場合

定款に「当会社は本店を東京都新宿区新宿一丁目１番１号に置く」のような記載の仕方をしている会社は本店移転の際、常に定款変更の手続きが必要です。

② 本店を最小行政区画である市町村（東京都23区の場合は区）まで記載し、所在地番は記載していない場合

「当会社は本店を東京都新宿区に置く」のような記載の仕方をしている会社は、本店移転の際、定款変更の手続きが必要な場合と必要でない場合があります。

定款変更手続きが必要な場合とは、定款で定められた最小行政区画の外に本店を移す場合です。たとえば、東京都新宿区から渋谷区に移転する場合がこれにあたります。定款変更手続きが必要でない場合とは、同一法務局の管轄区域内の移転の場合、定款で定められた最小行政区画内の別の場所に本店を移す場合です。たとえば、東京都新宿区新宿から新宿区四谷に移転する場合がこれにあたります。なお、本店の移転先が府県名と同一名称の市および政令指定都市の場合（たとえば千葉県千葉市）、府県名は省略できる取扱いになっています。

また、会社の本店は住居表示の実施地域では住居番号により、それ以外の地域では土地の地番で表示することになっています。移転先が雑居ビルの一室である場合、「○番・・・ビル201号」というように建物と部屋番号を登記することもできます。また、ここでのビルの名称の表記にはアルファベットを使うこともできます。

商号を変更した場合の登記

商号を変更した場合は、定款変更の効力が生じた日の翌日から起算して、本店の所在地で２週間以内に変更登記の申請をする必要があります。

商号変更登記を申請する際、法務局に提出を要する書類には、①登記申請書、②株主総会議事録、③株主リスト、④委任状（代理人による申請の場合)、⑤代表取締役の印鑑（改印）届書（改印する場合。代表者個人の印鑑証明書添付）があります。代表取締役の改印届書は、商号変更と同時に届出印を改印する場合に添付しなければならないものです。

■ 商号変更登記の流れ

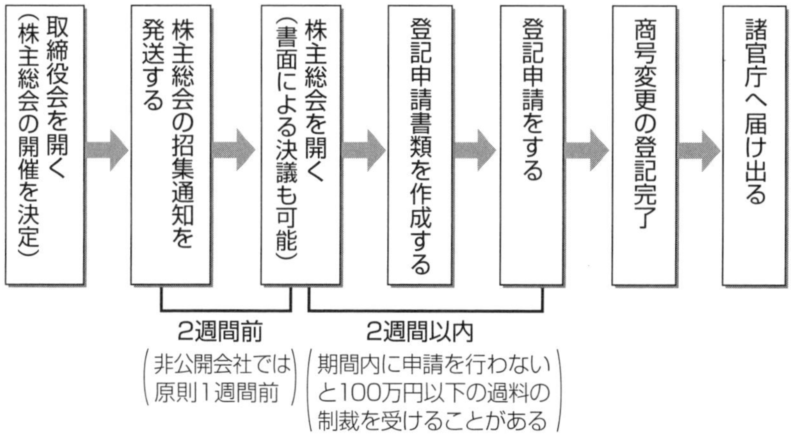

8 株主リストについて知っておこう

株主総会決議・株主全員の同意の真実性を担保する必要がある

株主リストとは

株主総会の決議を仮装することにより、実体のない役員変更や会社の組織の変更を行い、会社を乗っ取るなどの違法行為が行われる事案が発生しました。そこで、登記の真正を担保するために、登記すべき事項につき株主総会の決議等を必要とする登記の申請の際に、「株主の氏名または名称、住所および議決権数等を証する書面」、つまり、「株主リスト」（証明書）を添付することが、商業登記規則に基づき義務付けられています。株主リストの提出により、株主総会決議の有効性を登記の前後で確認することが可能となります。

どのような点に注意して作成すればよいのか

株主リストの添付が必要な場合は、⑴登記すべき事項について株主総会の決議（種類株主総会の決議）を必要とする場合と⑵登記すべき事項について株主全員の同意（種類株主全員の同意）を必要とする場合の２つです。

⑴　株主総会（種類株主総会）の決議を必要とする場合

株主総会の決議によって登記すべき事項に変更が生じる場合に、株主リストを添付する必要があります。たとえば、株主総会の決議で、役員を選任した場合や会社目的を変更する定款変更をした場合などです。株主リストには株主全員の情報を記載する必要はなく、株主総会において議決権を有する株主のうち、ⓐ議決権数上位10名の株主、ⓑ議決権割合の多い順に加算し３分の２に達するまでの株主、のいずれか少ない人数の株主を記載します。実際に株主総会に出席し、議決権を行使した株主でなくても、その株主総会で議決権を行使することが可能であった株主であれば、議決権を有する株主にあたります。株主リストの記載事項は、①対象となる株主総会、②株主総会の開催日、③対象となる議案、④株主の氏名または名称、⑤株主の住所、⑥株式数（種類株式の種類と数）、⑦議決権数、⑧議決権の割合です。

株主リストは、議案ごと（登記すべき事項ごと）に作成するのが原則ですが、株主リストの記載内容が同じ場合は、株主リストにその旨を記載し、１通作成すれば足ります。

(2)　株主全員（種類株主全員）の同意を必要とする場合

登記すべき事項が株主全員の同意によって変更する場合に、株主リストを添付する必要があります。たとえば、定款を変更して、発行する全部の株式の内容として取得条項を設けるときは、株主全員の同意が必要になります。

株主リストの記載事項は、①株主全員の同意が得られた日付、株主全員について、②氏名または名称、③住所、④株式数（種類株式の種類と数）、⑤議決権数、⑥議決権数の割合です。登記申請時の代表者が法務局届出印を押印して証明します。

■ 株主リストの添付が必要な場合とリストに記載する株主 ……

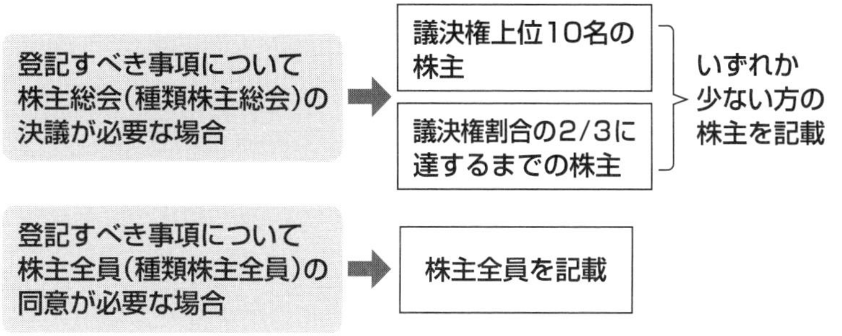

書式　株主リスト

(A－１統合簡易書式)

証　　明　　書

次の対象に関する商業登記規則61条２項又は３項の株主は次のとおりであることを証明する。

対象	株主総会等又は総株主の同意等の別	株主総会	←株主総会，種類株主総会，株主全員の同意，種類株主全員の同意のいずれかを記載してください。種類株主総会等の場合は，対象となる種類株式も記載してください。
	上記の年月日	令和 ○○ 年 ○ 月 ○ 日	←株主総会等の年月日を記載してください
	上記のうちの議案	全議案	←全議案又は対象となる議案を記載してください。総株主等の同意を要する場合は，記載不要です。

	氏名又は名称	住所	株式数　（株）	議決権数	議決権数の割合
1	星　光男	□□市中央区××丁目△番地	100	100	100.0%
2					
3					
4					
5					
6					
7					
8					
9					
10					
			合計	100	100.0%
			総議決権数	100	

証明書作成年月日	令和○○年○○月○○日
商号	株式会社　星光商事
証明書作成者	代表取締役　星　光男

※ 商業登記規則第 61 条第２項

登記すべき事項につき次の各号に掲げる者全員の同意を要する場合には、申請書に、当該各号に定める事項を証する書面を添付しなければならない。

一　株主株主全員の氏名又は名称及び住所並びに各株主が有する株式の数（種類株式発行会社にあつては、株式の種類及び種類ごとの数を含む。次項において同じ。）及び議決権の数

二　種類株主当該種類株主全員の氏名又は名称及び住所並びに当該種類株主のそれぞれが有する当該種類の株式の数及び当該種類の株式に係る議決権の数

※ 商業登記規則第 61 条第３項

登記すべき事項につき株主総会又は種類株主総会の決議を要する場合には、申請書に、総株主（種類株主総会の決議を要する場合にあつては、その種類の株式の総株主）の議決権（当該決議（会社法第三百十九条第一項（同法第三百二十五条において準用する場合を含む。）の規定により当該決議があつたものとみなされる場合を含む。）において行使することができるものに限る。以下この項において同じ。）の数に対するその有する議決権の数の割合が高いことにおいて上位となる株主であつて、次に掲げる人数のうちいずれか少ない人数の株主の氏名又は名称及び住所、当該株主のそれぞれが有する株式の数（種類株主総会の決議を要する場合にあつては、その種類の株式の数）及び議決権の数並びに当該株主のそれぞれが有する議決権に係る当該割合を証する書面を添付しなければならない。

一　十名

二　その有する議決権の数の割合を当該割合の多い順に順次加算し、その加算した割合が三分の二に達するまでの人数

9 株式会社以外の重要事項の変更について知っておこう

法人の重要事項に変更がある場合は、変更登記が必要になる

合同会社の場合

合同会社は人を重視する人的会社です。そのため、合同会社では、全社員の同意に基づいて定款が定められています。したがって、定款を変更する場合も、定款で別の方法を定めていない限り、原則として、全社員の同意を得なければなりません。別の方法とは、たとえば、「全社員の同意ではなく全社員の３分の２以上の社員の同意でよい」とするような規定を置く場合です。

また、①合同会社の名称、②事業目的、③本店の住所といった事項について定款の記載内容を変更する場合には、登記の変更手続きも行わなければなりません。

この他、社員の加入や退社の際には、いずれの場合にも、定款を変更すると共に、変更の登記も行わなければなりません。変更登記申請の際には、申請書に必要書類を添付し、所定の登録免許税を納付することになります。添付書類としては、たとえば新たなる出資による社員の加入時には出資に係る払込みまたは給付があったことを証する書面が、退社時には死亡届、戸籍謄本、除名を証する書面などの退社することになった事由を証する書面などが必要になります。

・合同会社の社員変更の登記

合同会社では業務執行社員と代表社員について変更があった場合に、役員変更登記をします。なお、合同会社では定款で定めていない限り、社員全員が代表社員であり、業務執行社員です。新たに業務執行社員が合同会社に加入した場合、加入の登記が必要となります。

加入の方法には、①新たなる出資、②他の社員からの持分譲受け、

③社員の死亡による相続（社員が法人の場合、合併による承継）が」あります。業務執行社員が退社した場合には、社員の退社の変更登記が必要になります。退社の方法には、①自ら退社する、②総社員の同意、死亡、定款で定めた理由による退社（法定退社）があります。代表社員の変更としては、既存の代表社員が退任して別の業務執行社員が代表社員に就任する、代表社員がいない会社が新たに代表社員を選任する、新たに加入した社員が代表社員となる、代表社員が自ら退社するまたは法定退社する等の場合があり、これらの変更があった場合には変更登記申請が必要です。

一般社団法人の場合

ここでは、典型的な変更登記として、役員の変更登記と事業目的の移転登記を見ていくことにしましょう。

・役員の変更登記

一般社団法人において、通常、代表理事・理事は２年ごと、監事は４年ごとに選任されます。その際に変更登記が行われることになりますが、たとえば代表理事の就任による変更登記に必要となるおもな書類などの例は次の通りです。

①登記申請書、②「登記すべき事項」を記録したCD-R（別紙でも可）、③定款（不要の場合もあり）、④社員総会議事録、⑤理事会設置の法人で理事会の決議により代表理事を選定した場合は理事会議事録（理事会非設置の法人で定款の定めに基づき理事の互選により代表理事を選定した場合は理事の互選書）、⑥代表理事の就任承諾書（議事録に代表理事が会議の席で就任を承諾した旨の記載があれば不要）、⑦代表理事の印鑑証明書（代表理事の就任承諾書が必要な場合）、⑧登録免許税１万円

・事業目的変更の変更登記

一般社団法人の事業目的は、定款の絶対的記載事項にあたりますので、事業目的を変更する場合は定款の変更も伴います。また、定款変更決議においては特別決議を経る必要があります。その上で、一般社団法人の事業目的は登記事項ですので、事業目的の変更登記申請を行います。事業目的変更登記に必要となるおもなものは次の通りです。

①変更登記申請書、②「登記すべき事項」を記録したCD-R（別紙でも可）、③社員総会議事録、④登録免許税３万円

■ 法人のおもな変更登記の登録免許税

法人（組合）	区分	登記の事由	登録免許税
株式会社	カ	役員の変更	1件につき３万円(資本金の額が1億円以下の会社は1万円)
	ヲ	本店移転	1か所につき３万円(管轄外への移転は2か所となるため6万円)
	ツ	商号の変更	1件につき3万円
	ツ	目的の変更	1件につき3万円
	カ	代表取締役の住所変更	1件につき３万円(資本金の額が１億円以下の会社は１万円)
合同会社	カ	社員の変更	1件につき1万円
	ヲ	本店移転	1か所につき３万円(管轄外への移転は2か所となるため6万円)
	ツ	目的の変更	1件につき3万円
	ツ	商号の変更	1件につき3万円
	カ	代表社員の住所変更	1件につき1万円
一般社団法人	カ	役員の変更	1件につき1万円
	ツ	目的の変更	1件につき3万円

※「区分」とは、登録免許税法別表第1第24号の区分をいう。

※登記の事由が複数でも、区分が同じ場合は、その区分に応じた登録免許税を納付すればよい（合算の必要はない）。区分が異なる場合は、それぞれの区分に応じた登録免許税を合算した額を納付する。

【例1】株式会社において、商号変更と目的変更と変更を一度に行った場合区分が両方とも「ネ」なので、登録免許税は3万円となる。

【例2】株式会社において、商号変更と役員の変更を一度に行った場合
3万円（ネ）＋3万円（または1万円）（カ）＝6万円（または4万円）となる。

10 出資を受ける場合の注意点について知っておこう

自己資本を増やす資金調達方法

どんな人に出資をしてもらうか

資本を増やす方法（株式発行）は負債を増やす方法（借入金、社債）と比べて非常にメリットのある資金調達方法です。それは、借入等と違い物的担保や保証人が必要なく、返済義務も負わないからです。株式発行といえば、配当をしなければならないイメージもありますが、これもよほど利益が出ない限り心配する必要はありません。

逆に言えば、それだけ出資をする人にとってデメリットが伴うということにもなります。そこで、どんな人に出資をしてもらうか（もらえるのか）、また出資をしてもらう際に気をつけるべきことなどは、しっかりと理解しておく必要があります。まず、どのような出資者がいるのかを大まかに見ていきましょう。

・知人や親族

創業当初は、よほど魅力的なビジネスだったり、高い利益還元が期待できるような場合でなければ、発起人等以外は知人や親族が出資することが多く、出資額もあまり高額にはならないことが多いといえます。

・ベンチャーキャピタル

欧米などで一般的なのがベンチャーキャピタルから出資を受ける方法です。ベンチャーキャピタルとは、ベンチャー企業（未上場の設立後間もない企業）に積極的に投資を行う投資会社をいいます。

ベンチャーキャピタルには銀行や証券会社の系列にある「金融機関系」や、事業会社が子会社として保有する「事業会社系」、投資のみを目的に設立された「独立系」などがあります。投資先が上場することを期待し、後に株式を売却することで得られる利益を目的としているため、将来有望な企業にしか投資をすることはありません。

・エンジェル投資家

未上場の設立後間もない企業に出資をする点では、ベンチャーキャピタルと同じですが、エンジェル投資家は富裕層の個人投資家を指します。

このことから、ベンチャーキャピタルのように利益追求の側面よりも、ベンチャー企業のビジョンに共鳴したり、経営者の魅力に惚れ込んで出資することがほとんどです。とはいえ、ある程度の財務面の成長が期待できない企業には投資されることはありません。

以上のように出資者は元から顔見知りの者と、出資を機会に知り合う第三者とに大きく2つに分かれます。したがって、出資者と出資額によっては将来的に経営者自身が経営をコントロールできなくなるおそれが生じることを理解する必要があります。通常の場合、出資者には出資割合に応じた株主総会の議決権が与えられ、その割合（特殊比率）に応じて経営権を取得されることに注意が必要です。

何%までの株式を与えるのがよいか

それでは、どの程度の割合まで株式を与えられるでしょうか。これは以下に記載する行使可能な権限や株主総会の議決権との関係で考えることが重要です。

・発行済株式総数の100分の１以上

株主総会において議案を提出することができます。

・発行済株式総数の100分の３以上

株主総会の召集と会計帳簿類の閲覧・謄写ができます。いずれもベンチャー企業にとってはプレッシャーとなる権限行使です。

・発行済株式総数の10分の１以上

会社の解散請求を裁判所に提出することができます。ただし、会社が著しく厳しい状況で回復困難な損害が生じている場合などのように

「やむを得ない事由」が必要です。

・発行済株式総数の３分の１以上

株主総会の特別決議を出資者単独で阻止できます。特別決議とは、定款変更、M＆A（「Mergers And Acquisitions」の略で、「合併と企業買収」を意味する言葉）、新株発行事項、資本金減少など重要な議題で、これらを決定する際に出資者の同意が必要となってしまいます。

・発行済株式総数の２分の１超

株主総会の普通決議を出資者単独で決定することができます。「役員の選解任」をはじめ、「役員の報酬」「計算書類の承認」など、会社の基本的な議題の決定を左右できるため、経営の安定が損なわれます。

・発行済株式総数の３分の２以上

株主総会の特別決議を出資者単独で決定することができます。会社の重要な議題の決定を左右することができるため、出資者がほぼ自由に経営環境を築くことができるようになります。

以上のことから、経営者としては株式の２分の１以上を確保する必要があります。どうしても資金調達の必要性からやむを得ず、信頼できる出資者に対してであれば、３分１を超える割合を確保し、後はそれぞれの出資者に株式を保有してもらうことはやむを得ません。

ベンチャーキャピタルからはどんな支援をしてもらえるのか

ベンチャーキャピタルは後に株式を売却することで得られる利益を目的としているため、企業が成長するためであれば、様々な支援をしてくれることがあります。

経営コンサルティングを行う場合や、取締役会に担当者が参加して客観的な助言・指導をすることも多いようです。さらに、取引先の紹介や事業提携の仲介、キーパーソンの紹介など、ベンチャー企業のウィークポイントを補います。ただし、金融機関系のベンチャーキャピタルがこのような支援を行うことは少ないようです。

ベンチャーキャピタルとの契約締結の際に注意すること

通常、ベンチャーキャピタルとの間では、投資契約というものを締結します。この契約では基本的な「株式譲渡数」「1株当たりの価格」「持株比率」を明示するだけでなく、いくつか注意点があります。

最重要なのは「株式買取条項」です。これは、一定の条件を理由に出資者の保有する株式を買い取らなければならない約束で、「○年以内に○○以上の企業価値に達しなければ一定の金額で株式を買い戻す」というような条件です。このような厳しい条件を結ぶと目標を達成しなければ、企業が破綻してしまいます。

他にも出資者が選んだ役員を選任しなければならない「役員選任条項」や、一定の価格を下回る新株発行を禁止する「希薄化防止条項」、合併、事業譲渡、定款変更などの決定には持株比率に関係なく出資者の同意を必要とする「拒否権条項」などがあります。

過度に不利な条件とならないように、契約書の文言はしっかりと確認するようにしましょう。

■ 企業と出資者の関係

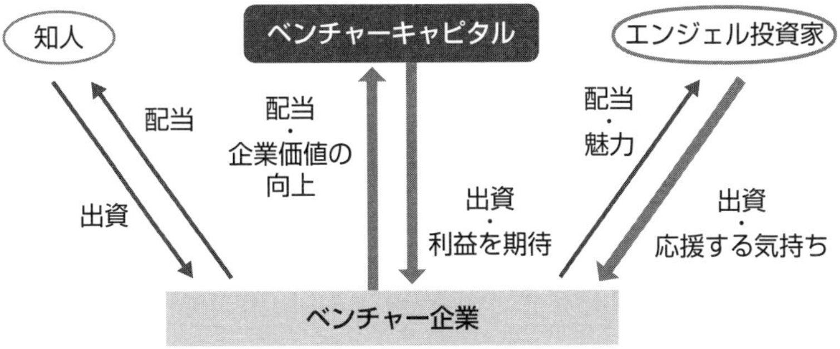

11 会計帳簿について知っておこう

総勘定元帳や補助元帳、現金出納帳、仕訳（日記）帳などがある

会計帳簿にはどんなものがあるのか

取引を行う時には、内容や金額などを取引先へ通知したり、取引の事実を記録として残しておくために、書類を作成します。この書類のことを、会計帳票といいます。会計帳票のうち、１つの取引ごとに単票形式で作成したものを会計伝票、現金取引、手形取引など一定の取引のみを集めて、その履歴を時系列で記録したものを会計帳簿といいます。

おもな会計帳簿には、総勘定元帳、補助元帳、現金出納帳、仕訳（日記）帳、預金出納帳、手形帳、売掛帳、買掛帳などがあります。これらの他にも、業務形態に応じて、様々な会計帳簿が存在します。

会計帳簿は、日々の取引を会社で把握できるように記録するだけでなく、税務調査などでその取引を客観的に説明するための重要な書類となります。また、青色申告（189ページ）による税務上のメリットを受けるためにも、必要な会計帳簿を適時に作成して備え付けておく必要があります。

会計帳簿、会計伝票の処理

総勘定元帳や補助元帳、現金出納帳、仕訳（日記）帳など会計帳簿と一言でいっても多種多様の帳簿組織（帳簿体系のこと）が考えられます。会計伝票も用途によって様々です。これらは日々の取引を記録し、集計するための会計ツールで、貸借対照表、損益計算書などの決算書類を作成する基礎資料になります。

これらの会計帳簿を経理で行われる作業に沿って説明しますと、ま

ず経理では起票された会計伝票の正確性がチェックされます。仕訳帳に直接記帳される場合もあります。

次に、日次単位ないし月次単位で会計伝票や仕訳帳の仕訳を集計して各勘定元帳に集計金額が転記されます。これを今度は勘定元帳ごとに再度集計して勘定ごとの一定期間におけるフロー総額（取引による増減金額の総額）と一定時点におけるストック結果（最終的な残高）求めます。そのフローとストックは合計残高試算表（T/B）の形にいったんまとめられます。

さらにそこから各勘定の残高金額が精算表に転記され、勘定科目を表示用に組み替えて決算書が誘導的に作成されます。

このような作業を手作業で行うと、記帳から決算書作成まで相当な事務負担が伴うように思えますが、現在ではパソコンによる記帳が主流です。業種、規模によって何通りも構成が考えられる帳簿組織ですが、会計事務ではコンピュータに適した作業であるため、高機能な経理用アプリケーションが多数登場しています。これから始める人でも、いきなりパソコンを使って複式簿記による記帳を行うことも比較的容易にできます。

そのため、前述したような経理の手順を知らなくても、何がしかの取引や残高に関するデータをパソコンに入力すれば、正しいかどうかは別として必要帳票類、決算書類が出力されます。パソコンを使って会計事務所に頼まずに自らが記帳しても、手作業による際のように集計転記に手間はかかりません。決算の精度はひとえに日々の取引データ入力の正確性と適時性に負うところが大きいといえます。

ただし、会計ソフトを利用し、パソコンで記帳する場合であっても、会計特有のチェック項目は手作業もパソコンの場合も同じですから、集計、転記の正確性チェックの負担がなくなる分、決算内容の整合性（たとえば償却資産と減価償却費）など、数値間の分析をしておくことが大切です。

12 取引記録の保存方法について知っておこう

ファイル化してしっかりと保存する

なぜ管理しておく必要があるのか

日常の取引の中で、相手方との間に領収書や納品書などの取引の証拠となる書類が発生します。それらは証憑書類といわれ、記録として経理上重要な書類となります。証憑書類には、注文書、領収書、請求書、物品受領書などがあります。

領収書などの書類は、経費処理などの申告の正しさを税務署へ証明するための証拠書類としての働きもあります。作成したり受け取った証憑書類やそれらを整理した帳簿類については、税務署による税務調査を受けたり、後で調べるときなどのためにきちんと整理しておく必要があります。帳簿書類の備付け、記録または保存が法令に従って行われていない時は、青色申告（一定の帳簿書類を備えて日々の取引を複式簿記の原則に従い整然かつ明瞭に記録し、その記録に基づいて申告すること）が取り消されてしまう場合もあります。そうなると、特別償却（税法で認められた通常の償却額に加えて、取得価額に一定割合を乗じて算出した金額を上乗せして償却ができること）など、青色申告の様々な特典が適用されず、税務上不利な扱いとなりますので注意が必要です。

保存期間は法定されている

法人税に関する帳簿書類の保存期間は原則として７年間です。ただし、青色申告書を提出した事業年度で欠損金額（青色繰越欠損金）が生じた事業年度では10年間です。一方、会社法では帳簿の保存期間はもともと10年となっていますので、結局のところ帳簿書類は10年間保存をしなければならないことになります。

帳簿書類の保存方法は、紙による保存が原則ですので、パソコンで作成した帳簿書類についても、原則としてパソコンからアウトプットした紙により保存する必要があります。ただし、電子帳簿保存法に基づき一定の要件を満たす場合には電子データやスキャナにより保存することができます（次ページ以降）。

伝票や証憑書類の整理は、月別、日付順に通し番号をつけ、ノートなどに貼り付け、ファイル形式にして保存するのが一般的です。これ以外にも科目別に整理する方法があり、それぞれ日付順、内容別、相手先別に整理します。証憑書類の種類によって使い分けます。

その他、業務上保存する必要がある書類については、別途規程を作るとよいでしょう。このようにすることで、保管と廃棄の基準もでき、ムダに保管しておく必要もなくなります。ただし、これらの規定は、関係者の意見を集めた上で決めることが大切です。なお、文書は、保管年限ごとに色別にファイルに綴じておくことで、その後の処理も非常に効率がよくなります。

このように伝票や証憑書類をきちんと整理するということは、お金の流れを管理するという他に、誰に対しても、お金の流れが不正なく行われていることを証明することにもなります。

■ 税務調査の対象になる書類

帳簿関係	総勘定元帳や現金出納帳、売上帳、仕入帳、売掛帳、買掛帳、賃金台帳、小切手帳、手形帳、出退勤記録簿、決算書など
証憑関係	請求書や領収書、見積書、注文書、納品書、タイムカードなど
文書関係	議事録や契約書、同族関係取引の契約書、稟議書など
その他	預金通帳やパソコンなど

13 電子帳簿保存法について知っておこう

紙面ではなく、電子媒体による帳簿保存等を可能とするものである

電子帳簿保存法とはどんな法律なのか

経済社会のデジタル化や、環境問題に配慮したペーパーレス化などの状況を踏まえて、決算書を作成するための会計帳簿（国税関係帳簿）や、取引の記録のために必要な領収書などの書類（国税関係書類）の電子化を可能とするために、平成10年（1998年）に電子計算機を使用して作成する国税関係帳簿書類の保存方法等の特例に関する法律（電子帳簿保存法）が成立しました。ここでの電子化とは、帳簿や各種の書類を電磁的記録（パソコンなどへの入力）で行ったり、電子データのままで入手・作成・保管等を行ったり、紙で入手した書類をスキャナ等に電子化した状態で保管することを意味しており、これらが法的にも認められる取扱いになるということです。また、令和３年度税制改正により、電子帳簿保存等の制度の利用促進を施す措置などがとられました。

なお、国税関係帳簿とは、仕訳帳、現金出納帳、売掛金元帳、固定資産台帳、売上帳、仕入帳などをいい、国税関係書類とは、棚卸表、貸借対照表、損益計算書、注文書、契約書、領収書などをいいます。

経理の業務は、自分のためだけでなく、税務署などに対して、取引を客観的な数値に置き換えた決算書や税務申告書を作成するという重要な役割があります。決算書などの作成のためには、透明性の高い情報となるように、帳簿への記録や書類の作成・入手・保管等を行う必要がありますが、それには人的または資源的にも多くのコストがかかります。これを一定の電子的な方法で記録あるいは保存等ができるようになれば、コスト削減にもつながることが期待されます。

ただし、書類などの保存の方法が従来の紙媒体から電子化になることで、紙のように目で容易に書類などが確認できなくなる問題（可視化の問題）や、紙に比べてデータの加工や偽造が行われやすくなる問題（真実性の問題）が起こりうるため、後述するような3つの保存区分に沿ったルールが定められています。

電子帳簿保存法の保存区分には3種類ある

電子帳簿保存法では、その法律の目的達成のために3種類の保存区分を設けています。

①　電子帳簿等保存

パソコンなどの電子計算機を使用して作成する国税関係帳簿書類について、電磁的記録による保存をするときの要件を定めています。電磁的記録とは、電子的方式、磁気的方式等の記録であって、パソコン等の電子計算機による情報処理で利用されるものをいいます。具体的には、ハードディスク、コンパクトディスク、DVD、磁気テープ等の記録媒体上に、情報として使用し得るものとして、情報が記録・保存された状態にあるものをいいます。

②　スキャナ保存

紙で受領または自ら作成した書類を画像データで保存するときの要件を定めています。スキャナ保存の対象となるのは、前述した国税関

■ 電子帳簿保存法の保存区分 ……………………………………

※電子取引についてはクラウドサービスも含まれる

係書類のうち、棚卸表、貸借対照表及び損益計算書並びに計算、整理または決算に関して作成されたその他の書類を除いたものとなります。

③ **電子取引**

電子データのみで取引先とやりとりした情報をデータで保存するときの要件を定めています。電子取引とは、取引情報（取引に関して受領し、または交付する注文書、契約書、送り状、領収書、見積書その他これらに準ずる書類に通常記載される事項）の受け渡しを電磁的方式で行う取引をいい、いわゆるEDI取引、インターネット等による取引、電子メールにより取引情報を受け渡しする取引（添付ファイルによる場合を含む）、インターネット上にサイトを設けてそのサイトを通じて取引情報を受け渡しする取引等が含まれます。

電子帳簿等保存を行うための要件（保存方法）について

電子帳簿等保存を行うにあたり、最低限次の３つの要件を満たしていることが必要です。

ⓐ 電子帳簿等の保存に関するソフトウェアの機能などが明記されたシステム関連書類等（例　システム概要書、システム仕様書、操作説明書、事務処理マニュアル等）を備え付ける

ⓑ 保存場所に、パソコンなどの電子計算機、プログラム、ディスプレイ、プリンタ及びこれらの操作マニュアルを備え付けて、画面や書類などがわかりやすい形で速やかに出力できるようにしておく

ⓒ 税務調査などで電磁的記録のダウンロードの求めに応じることができるようにしておく

この他に、「優良な電子帳簿の要件」として、さらに次のⓓ～ⓕの３つが要求されています。「優良な電子帳簿の要件」をすべて満たしている場合には、それが満たしている旨を記載した届出書を事前に所轄税務署長に提出することで、その後申告漏れが生じても過少申告加算税が５％軽減されます。

なお、「優良な電子帳簿の要件」を満たしている場合には、前述の最低限必要なⓐ〜ⓒのうちⓒの要件は不要となります。

ⓓ　記録事項の訂正・削除を行った場合には、これらの履歴などが確認できるソフトウェアなどの電子計算機処理システムを使用する

ⓔ　電子化した帳簿の記録事項と、それに関連する他の帳簿等の記録との相互の関連性が確認できるようにしておく

ⓕ　「取引年月日」「取引金額」「取引先」、日付や金額の範囲指定、さらにこれらの複数の項目を組み合わせた検索が可能になるようにしておく

スキャナ保存を行うための要件（保存方法）について

スキャナは、保存の対象となる書類をプリンタなどで読み込んだり、写真で画像を取って、パソコンなどに保存をすることになります。おもな保存方法は次の通りです。

・タイムスタンプなどでデータ作成・入手の日付や加工ができないような設定を行う

・タイムスタンプの付与期間は最長で２か月とおおむね７営業日以内と定められている（特に、取引が比較的集中しがちな月末の取引などは計画的に対応が必要）

・データの保存の際には、この後に修正が行われた場合のバージョン管理、帳簿との相互関連性の確保、管理上や税務調査などでの検索機能の確保、データ保管された書類についてタイムスタンプも含めて容易に解読が可能な装置・システムを備え付けておく（令和５年度税制改正により、令和６年１月１日以後にスキャナ保存が行われる国税関係書類で相互関連性が要求されるのは、契約書・領収書・送り状・納品書等のような資金や物の流れに大きく関係する重要書類に限定される）

電子取引データ保存を行うための要件（保存方法）について

電子取引データの保存は、242ページの「電子帳簿等保存を行うための要件」と同じような管理が必要です。電子帳簿保存法では、①真実性の要件と②可視化の要件の２つに分けて、次のように定めています。

①　真実性の要件

次のいずれかの措置を行う。

・タイムスタンプが付された後、取引情報の授受を行う
・取引情報の授受の後、速やかにタイムスタンプを付すと共に、保存を行う者または監督者に関する情報を確認できるようにしておく
・記録事項の訂正・削除を行った場合に、これらの内容等を確認できるシステム、または記録事項の訂正・削除ができないシステムにより、これらの取引情報の保存を行う
・正当な理由のない訂正・削除の防止に関する事務処理規定を定めて運用を行う

②　可視化の要件

・保存場所に、パソコンなどの電子計算機、プログラム、ディスプレイ、プリンタ及びこれらの操作マニュアルを備え付けて、画面や書類などがわかりやすい形で速やかに出力できるようにしておく
・ソフトウェアなどの電子計算機処理システムの概要書を備え付ける
・検索機能を確保する

なお、従業員が会社の経費等を立て替えして、支払先から領収書を電子データで受領した場合も会社としての電子取引に該当します。会社が適時にこの電子データを従業員から集約し、保存・管理する他、集約するまでの一定の間、従業員のパソコンやスマートフォン等に電子データ自体は保存しておきつつ、検索機能を損なうことがないよう会社としても日付、金額、取引先の検索条件に紐づく形でそうした保存状況にあることを情報として管理しておくことも認められます。

14 毎年提出する書類について知っておこう

計算書類は作成するが、事業報告書は法人の種類で異なる

株式会社・合同会社の場合

株式会社は、事業年度ごとに、事業報告及び決算公告をしなければなりません。事業報告とは、会社法に基づき、作成することが義務付けられている年次報告書のことです。また、決算公告とは、会社法の規定に基づき定時株主総会の終結後に、株式会社が定款に定めた公告方法によって公告しなければならない計算書類です。

事業報告は、すべての株式会社が記載を求められる事項として、「会社の状況に関する重要な事項」「業務の適正性を確保するための体制等の概要」があります。その他の項目は、公開会社や、会計参与設置会社など、会社の採用する機関設計により、記載事項が異なります。

計算書類は、会社の利益を算出し、確定するために作成される書類で、会社単位で作成します。また、大会社（資本金５億円以上または負債200億円以上）で上場会社などの有価証券報告書を提出する会社が連結子会社を有している場合は、連結計算書類の作成も必要です。計算書類は、貸借対照表、損益計算書、株主資本等変動計算書及び個別注記表で構成され、さらにその附属明細書の作成が必要です。

事業報告及び計算書類は作成後、株主総会で承認を受けることが原則です。承認を受けた後は、遅滞なく、貸借対照表を定款に定められた方法により、公告しなければなりません。

合同会社は、経営陣が出資者であるため、事業報告をあえてする必要がなく、事業報告書を作成する必要はありません。計算書類は、貸借対照表、損益計算書、社員資本等変動計算書、個別注記表が必要です。しかし、決算の承認や公告は不要です。

一般社団法人の場合

一般社団法人は事業年度ごとに、事業報告及び決算公告を行います。そのため、事業年度が終了すれば、事業報告書と計算書類を作成します。

事業報告書には、「法人の状況に関する重要な事項」「業務の適正を確保するための体制等の概要」を記載します。計算書類には、貸借対照表及び損益計算書並びにこれらの附属明細書の作成が義務付けられています。

事業報告書及び計算書類の作成が終われば、監事設置一般社団法人であれば、監事による監査を受け、理事会設置一般社団法人であれば、理事会の承認を受けます。その後、社員総会に提出して、事業報告を行い、計算書類の承認を受けます。

定時社員総会の終結後は、遅滞なく承認を受けた貸借対照表を定款で定めた公告の方法によって公告します。また、大規模一般法人にあっては、貸借対照表及び損益計算書を、定款で定めた公告の方法によって公告します。

■ 設立後毎年作成する書類のまとめ

	事業報告書	計算書類等
株式会社	・株式会社の状況に関する重要な事項 ・業務の適正性を確保するための体制等の概要 ・附属明細書（事業報告関係）	・貸借対照表 ・損益計算書 ・株主資本等変動計算書 ・個別注記表 ・附属明細書（計算書類関係）
合同会社	不要	・貸借対照表 ・損益計算書 ・社員資本等変動計算書 ・個別注記表
一般社団法人	・法人の状況に関する重要な事項 ・業務の適正性を確保するための体制等の概要 ・附属明細書（事業報告関係）	・貸借対照表 ・損益計算書 ・附属明細書（計算書類関係）

15 議事録の作成方法について知っておこう

株主総会や取締役会議事録などの会議の内容を記録した文書

法律で保存期間や罰則が義務付けられている

法人の設立後、組織としての重要事項を決定する場合には、株主総会や社員総会、取締役会や理事会といった議事により決定することになります。議事の開催後には議事録を作成します。議事録とは、会議や商談の内容を記録した文書です。どのような内容が話し合われ、何を決定したのかなど、会議の出席者や関係者間で確認・徹底するための社内文書です。会議に出席していなかった人が十分に把握できるように、また議事録の種類によっては外部からの閲覧も可能なため、会議内容の詳細が時系列的にわかりやすく記されている必要があります。議事の記録にあたっては、発言等のメモをとる方法の他、会議出席者の人数やディスカッションの方法・内容、会議の長さによっては、録音するのが最も便利で有効という場合も少なくありません。最近では、コンピュータが認識した音声を自動的にテキスト化する音声認識技術を導入する企業や自治体も出てきました。いずれも正確性を期すために有効な手段です。

記録した議事内容を議事録にするときには、いくつかの注意点が挙げられます。第1に、内容は事実のみを簡潔に書き、個人的な感想を入れないこと、第2には、誰が発言したのか、またその内容を時系列に沿って書くこと、第3には、何が決定し、何が保留事項になっているのかを明確に記載することです。作成期日や債権者などの閲覧・謄写（コピー）、備置期間といったルールを確認することも大切です。議事録の作成をスムーズに行うには、議事録の作成者をあらかじめ決めておき、ある程度のフォーマットを作成しておくとよいでしょう。

なお、議事録を電磁的記録で作成することもあります。電磁的記録とは、CD-ROMやDVD-ROMなど、確実に情報を記録しておける記録メディアあるいは電子媒体と呼ばれるものに記録したものをいいます。

電磁的記録により議事録を作成した場合、署名や記名押印をする代わりに電子署名をするなど、書面で議事録が作成された場合と署名または記名押印、議事録の備置きなどについての取扱いが異なります。

議事録の記載事項

議事録の一般的な内容は、会議の開催日時、場所、出席者、要旨・決定事項、次期開催日や保留事項です。誰が見ても、内容が具体的で正確に伝わるような議事録を作成しなければなりません。

株式会社の議事録のように、会社法、会社法施行規則で記載しなくてはならない事項が法定されているものについては、法定記載事項に漏れがないようにします。法定記載事項さえ記載していれば、その他の形式は原則として組織の自由です。そのため、議事録の体裁は組織によって形式が異なるのが通常です。組織の実情を反映させた独自の書式を作成してかまいません。もっとも、作成した議事録は組織内の役員だけが見るものではありません。商業登記をする際の添付書類となることもあります。また、一定の要件を満たす株主や債権者などが閲覧や謄写（原本の写しの請求）をしてきた場合には、原則としてそれに応じる義務があります。したがって、債権者などの第三者が閲覧することも想定して作成することが必要です。

議事録にする押印などの取扱い

議事録には出席者が署名または記名押印をしなければならないケースもあります。

署名とは、本人が自署することで、記名押印とは、パソコンで印字する・ゴム印を押印するなどして記載した名前の右横に印鑑を押すことです。議事録への署名または記名押印をする理由は、議事録に記載されている内容の決議が真実に行われたものを証明するため、また、その議事録が会社にとって真正なものであることを証明するためです。

たとえば、株式会社の議事録の場合、取締役会議事録には、出席した取締役及び監査役が署名または記名押印する必要があり（会社法369条３項）、監査役会議事録には出席した監査役が署名または記名押印する必要があります（会社法393条２項）。一方、株主総会議事録には署名または記名押印の義務を定めた法令はありません。ただし、定款で、出席した取締役などに署名または記名押印の義務を規定している会社は、規定に従って株主総会議事録にも署名または記名押印をする義務が発生します。

議事録には議事録中で決議されている内容に出席役員が責任を負うという意味もあります。そのことからすると、株主総会議事録についても、定款に署名または記名押印義務がなくても、出席役員が署名または記名押印をするのが望ましいといえるでしょう。一般的にも、議長や議事録作成に係る職務を行った代表取締役が記名し、会社代表印を押印したり、出席取締役全員が記名押印するなどの取扱いをする会社が多いようです。

■ 議事録の作成手順

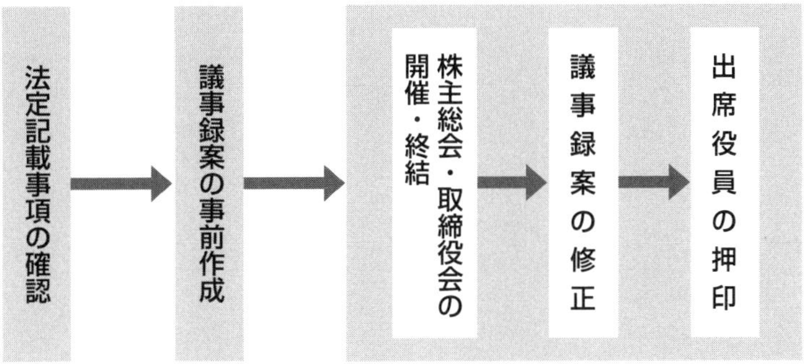

様々な押印の種類と押し方

①訂正印

誤った文字の上に二重線を引いてその範囲を明らかにし、正しい文字を付近に記載し、二重線の部分の上に押印する方法

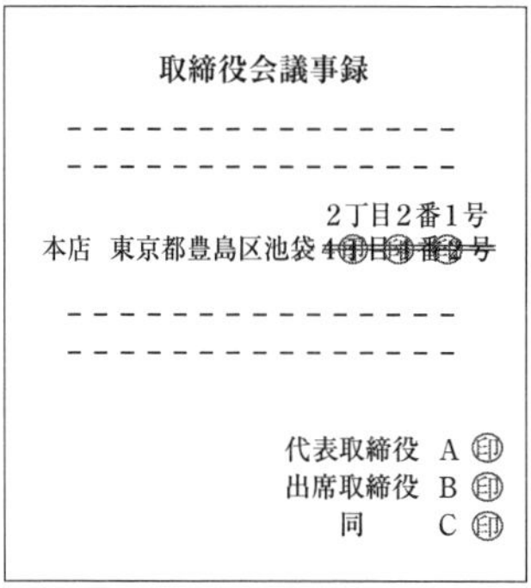

誤った文字の上に二重線を引いてその範囲を明らかにし、正しい文字を付近に記載し、二重線の部分の付近に押印する方法及び誤った文字の上に二重線を引いてその範囲を明らかにし、欄外に削除した文字数や加入した文字数を記載し、その付近に押印する方法

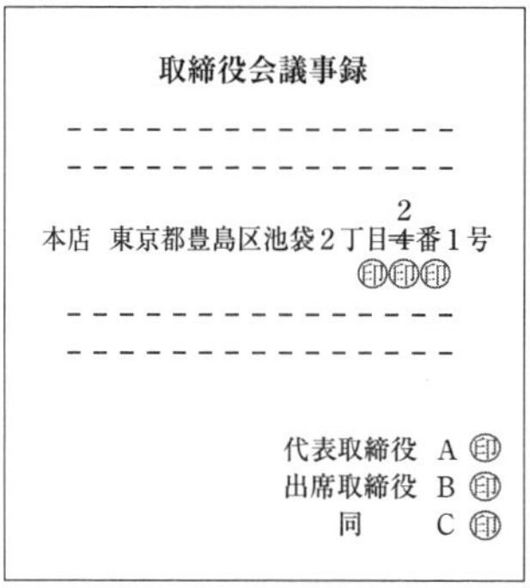

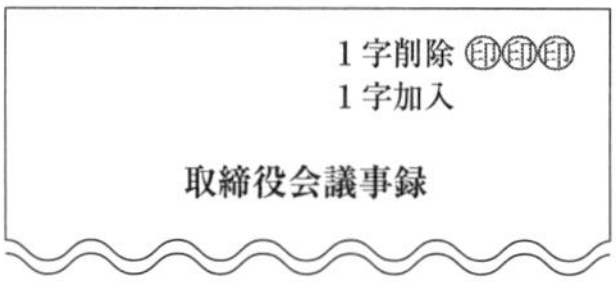

②捨印

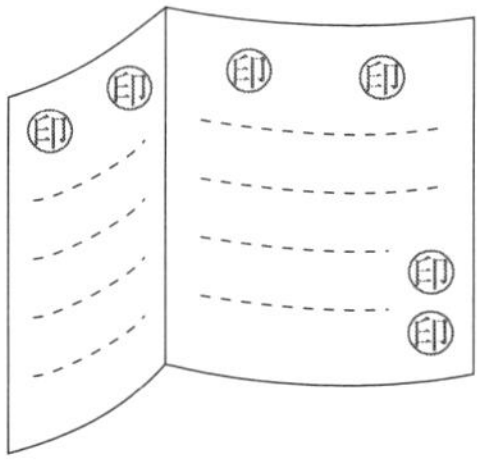

③契印

各ページの綴り目に契印を押印する方法

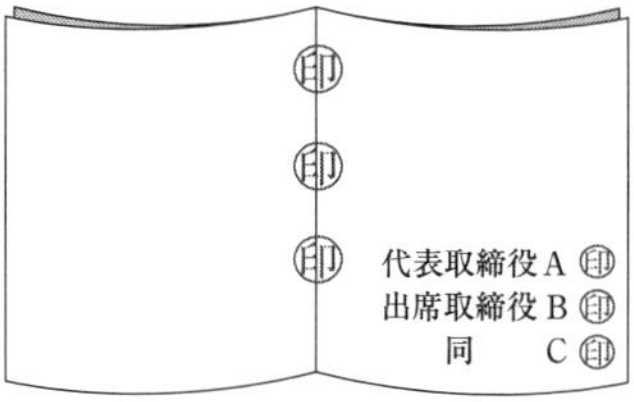

袋綴じ、のりづけ部分に契印を押印する方法

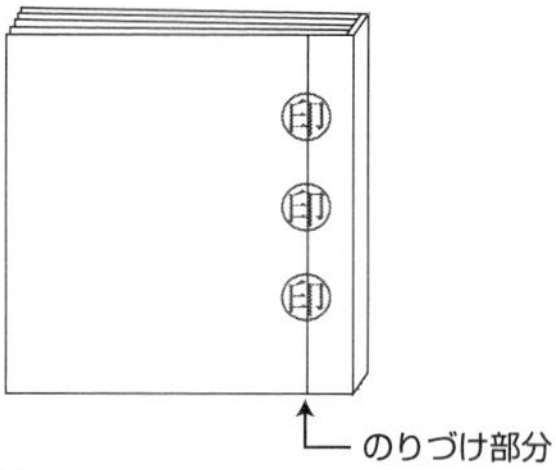

④割印

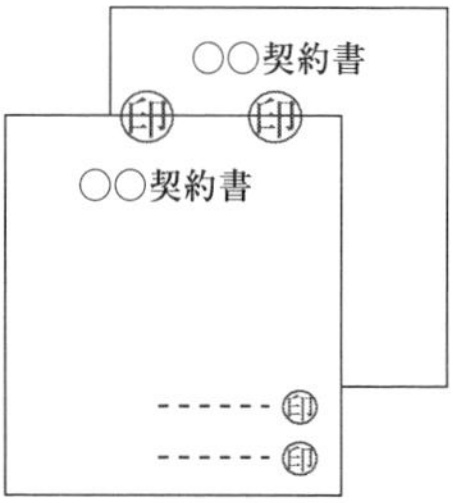

16 取締役等の報酬決定のしくみはどうなっているのか

定款または株主総会で決定することになる

取締役の報酬はどのように決まるのか

報酬とは、職務執行の対価として会社から支給される財産上の利益で、金銭以外も含みます。賞与も報酬と同様の規制に服します。取締役の報酬の決定は、業務執行としての性質をもつため、業務執行機関である取締役会または代表取締役が決定できるとも考えられます。しかし、それでは「お手盛り」と言われるように、取締役が好きなように報酬を定めてしまいかねません。そこで、お手盛りの弊害を防止するため、取締役の報酬は定款または株主総会で決定することが必要です。

定款に定めがある場合は、その定めに従います。しかし、定款に定めがない場合は、次の事項を株主総会の決議で定めます。①報酬のうち額が確定しているものについては、その額、②報酬のうち額が確定していないものについては、その具体的な算定方法、③報酬のうち当該会社の募集株式・募集新株予約権（またはそれらの払込みに充当される金銭）については、募集株式・募集新株予約権の数の上限など、④報酬のうち金銭以外のもの（当該会社の募集株式・募集新株予約権を除く）については、その具体的な内容、を定めます。

個々の報酬額を定款や株主総会で決定する必要はあるか

定款や株主総会で取締役個々の報酬額を決定する必要はなく、定款や株主総会では報酬の総額を決定し、取締役個々への配分は総額の枠内で取締役会に一任するのが一般的です。株主としては、取締役全員にどの程度の報酬が支給されるのかを知れば、それが会社の業績に対して適当かどうかを判断できるので、総額を決定すればよいとされています。なお、取締役会で決められた取締役個々への配分を株主総会で説明する義務はありません。

報酬についての議案作成の注意点

書式　取締役・監査役の報酬額を改定する場合の株主総会議案例

取締役や監査役の報酬について、定款に定めがない場合には、株主総会の決議で定めることが必要です。会社法では、取締役の報酬に関して定めるべき事項が、①額が確定しているものはその額、②額が確定していないものはその具体的な算定方法、③会社の募集株式・募集新株予約権（またはそれらの払込みに充当される金銭）はその数の上限など、④金銭でないものはその具体的な内容、であると規定しています。実務上は、取締役全員または監査役全員の年間総額または月額総額が定められることが一般的です。その総額の範囲内において、取締役個々の報酬は取締役会で、監査役個々の報酬は監査役の協議で、それぞれ定めることになります。

書式　取締役の報酬額を決定する場合の取締役会議案例

取締役の報酬は定款の定めまたは株主総会の普通決議によって決定します。定款で定めた場合は、報酬額の変更につき、その都度株主総会の特別決議が必要となるため、実務上は、株主総会の普通決議によって報酬総額を決定するのが一般的です。報酬総額が株主総会で決定されると、取締役会の決議により、報酬総額の範囲内で取締役個々の具体的な支給額を決定します。なお、取締役会において、その決定を代表取締役に一任する旨を決議することも可能です。

取締役会非設置会社の場合は、株主総会の決議で、報酬総額と各取締役の具体的な支給額を決定するか、もしくは報酬総額と各取締役の具体的な支給額は代表取締役に一任する旨（代表取締役がいない場合は取締役の協議に一任する旨）を決定することになります。

書式　株主総会議案例（取締役・監査役の報酬額の改定）

第○号議案 取締役の報酬額改定の件

議長は、取締役の報酬額は令和○年○月○日開催の第○期定時株主総会において年額金1000万円以内と承認されているが、その後の経済情勢の変化及び諸般の事情を考慮して、取締役の報酬額を年額金2000万円以内（従来どおり使用人兼務取締役の使用人分の給与は含まない）としたい旨を提案し、その可否を議場に諮ったところ、満場一致をもって承認可決された。

第○号議案 監査役の報酬額改定の件

議長は、監査役の報酬額は令和○年○月○日開催の第○期定時株主総会において年額金500万円以内と承認されているが、その後の経済情勢の変化及び諸般の事情を考慮して、監査役の報酬額を年額金1000万円以内としたい旨を提案し、その可否を議場に諮ったところ、満場一致をもって承認可決された。

書式　取締役会議案例（取締役の報酬額の決定）

第○号議案 取締役の報酬額決定の件

議長は、令和○年５月27日開催の第×期定時株主総会において取締役の報酬額を年額金2000万円以内とする第○号議案が承認可決されたことを受けて、本取締役会において具体的な各取締役への支払額と支払時期、支払方法について定める必要がある旨の説明をし、その決定方法を議場に諮ったところ、崎岡円蔵取締役よりすべて代表取締役星光男に一任としたい旨の提案があった。

各取締役への支払額と支払時期、支払方法をすべて代表取締役星光男に一任とする提案について、議長がその可否を議場に諮ったところ、全員一致でこの提案に賛成した。議長である星光男代表取締役は上記の賛成を受けて、別添資料のとおり、各取締役への支払額と支払時期、支払方法について決定した。

ポイント解説

取締役の報酬を無報酬・減額とすることはできるか

役員の報酬は、会社の業績が悪化した場合に、株主総会の決議などによって、報酬額が減額されたり、場合によっては無報酬とされたりすることもあります。

しかし、株主総会の決議などによって具体的に確定した取締役の報酬については、その取締役の同意（明示的な同意だけでなく、黙示的な同意も含むとされています）がない限り、原則として、一方的に減額することや無報酬とすることはできません。取締役の報酬が具体的に決められた場合には、その報酬額は、会社と取締役間の契約内容となり、契約当事者である会社と取締役の双方を拘束するからです。

取締役の報酬を減額・無報酬とする際には、株主総会の決議などによって報酬総額を改定し、取締役会の決議（取締役会を設置していない会社の場合は取締役決定書）によって個々の取締役の報酬額を改定すると共に、その同意を得るという手続きが必要です。

【監修者紹介】

安部　高樹（あべ　たかき）

司法書士（簡裁訴訟代理関係業務認定）。1957 年、大分県出身。成城大学大学院文学研究科修士課程修了。コピーライター、雑誌ライターを経て、司法書士となる。現在、長崎県長崎市で開業中。不動産登記、商業登記、債務整理、訴訟などを幅広く手がける。
著作（監修、編著）に、『図解で早わかり　不動産登記法』『図解で早わかり　商業登記法』『個人民事再生のしくみ実践マニュアル』『改訂新版　少額訴訟・支払督促のしくみと手続き実践文例 47』『住宅ローン返済と債務整理法実践マニュアル』『公正証書と支払督促のしくみとサンプル集 34』『三訂版　不動産登記の法律と申請手続き実践マニュアル』『法人設立　実践マニュアル』『株式会社の議事録と登記 作成法と記載例 93』 などがある。

司法書士安部高樹事務所サイト（ホームページ）
https://www.shihoo.com

武田　守（たけだ　まもる）

1974 年生まれ。東京都出身。公認会計士・税理士。慶應義塾大学卒業後、中央青山監査法人、太陽有限責任監査法人、上場会社勤務等を経て、現在は武田公認会計士・税理士事務所代表。監査法人では金融商品取引法監査、会社法監査の他、株式上場準備会社向けの IPO コンサルティング業務、上場会社等では税金計算・申告実務に従事。会社の決算業務の流れを、監査などの会社外部の視点と、会社組織としての会社内部の視点という２つの側面から経験しているため、財務会計や税務に関する専門的なアドバイスだけでなく、これらを取り巻く決算体制の構築や経営管理のための実務に有用なサービスを提供している。
著作として『株式上場準備の実務』（中央経済社、共著）、『不動産税金【売買・賃貸・相続】の知識』『入門図解　消費税のしくみと申告書の書き方』『入門図解 会社の終わらせ方・譲り方【解散清算・事業承継・M & A】の法律と手続き実践マニュアル』『図解で早わかり　会計の基本と実務』『個人開業・青色申告の基本と手続き 実践マニュアル』『図解で早わかり 会社の税金』『事業再編・M & A【合併・会社分割・事業譲渡】の法律と手続き』『すぐに役立つ　相続登記・相続税・事業承継の法律と書式』『身内が亡くなったときの届出と法律手続き』『すぐに役立つ 空き家をめぐる法律と税金』『図解で早わかり 税金の基本と実務』『入門図解 電子帳簿保存法対応　経理の基本と実務マニュアル』『入門図解 法人税のしくみと法人税申告書の書き方』『小さな事業者【個人事業主・小規模企業】のための 法律と税金　実務マニュアル』（小社刊）などがある。

すぐに役立つ
入門図解　最新
株式会社・合同会社・一般社団法人設立の手続きと書式

2024年１月30日　第１刷発行

監修者　安《あ》部《べ》高《たか》樹《き》　武《たけ》田《だ》守《まもる》
発行者　前田俊秀
発行所　株式会社三修社
〒150-0001　東京都渋谷区神宮前2-2-22
TEL　03-3405-4511　FAX　03-3405-4522
振替　00190-9-72758
https://www.sanshusha.co.jp
編集担当　北村英治・斎藤俊樹
印刷所　萩原印刷株式会社
製本所　牧製本印刷株式会社

ISBN978-4-384-04931-2 C2032